JN064333

3訂版

社会福祉の視点

はじめて学ぶ社会福祉

鶴野　隆浩

Tsuruno Takahiro

ふくろう出版

はじめに

　本書は社会福祉をこれから学ぶ学生のみならず、広く対人援助に関わる仕事に関わる人々、あるいはそうした仕事を目指す学生を対象とした社会福祉の入門書である。社会福祉を専門に学ぶ学生は、社会福祉士、介護福祉士、精神保健福祉士などの国家資格の取得を目指し、法的に定められた指定科目を学んでいくこととなる。その指定科目はそれぞれの分野に細分化され、学ぶべき内容も定められている。本書は、そうした学びの入口に位置するものであり、社会福祉の基本的な視点・考え方を身につけるとともに、社会福祉の全体像を把握し、その見取り図を体得するためのものである。一方、社会福祉以外の対人援助に関わる人々にとっては、社会福祉とはどのような営みであり、社会福祉に従事する人々は、どのような価値観のもとにどのような範囲で活動しているのかを把握することができるためのものである。現在の対人援助は、単独の専門職によって成し遂げられるものではなく、様々な専門職によるチームによって活動されている。そのチームの一翼を担うのが社会福祉の専門職である。従って、社会福祉の営みへの理解は、他の専門職にとっても有意義なものである。また、チームの連携にとって重要なことは、共通の目的、視点である。社会福祉は「社会生活の援助」を主題に展開してきた。医療、看護、リハビリ、教育、心理など様々な対人援助の分野は、それぞれの専門分野の基礎に、この「社会生活援助の視点」を取り込みつつある。例えば医療ならば、患者の治療という側面から広げて、患者を社会の中で生活する生活者としてとらえる視点を持ち、治療という文脈から広げて、その人らしくいかに生きるかを含めて支援するという展開へと広がっている。いわば、対人援助の「福祉化」である。対人援助チームの共通の目的、視点は、こうした「その人らしい生活・人生の支援」へと収斂されてきている。したがって、社会福祉に関わるすべての人にとって、社会福祉の基本的な考え方や広がりを学ぶことは、多職種連携の現在の対人援助において、極めて重要な意義を持つ。

本書は4部構成となっている。すべての出発点は具体的な事例である。目の前に広がる具体的な生活課題に対して、どのように対応するのかが社会福祉の核心である。そこでまずは事例を紹介し、具体的な事例に対してどのようにその事例を理解し、何を目指すのかを明らかにする。そして、どのような人々によって社会福祉は支えられているのか、社会福祉専門職にとって必要な要素は何なのかを導入編として概括する。続いて基礎編として、社会福祉の基本的な価値観、考え方を基本概念を中心に修得する。そして、そうした価値観が育まれてきた社会福祉の歴史とともに、社会福祉の全体像を把握する。その中には、法体系とともに、援助技術の体系も含まれる。次の各論編では、視点・理念と全体像をそれぞれの分野へと展開していく。それぞれの分野の状況、理念、法律・施策、現状と課題を解説する。最後の応用編では、ここまで学んだ知識を導入編で紹介した事例に適用し、具体的な援助の展開を追体験するとともに、今後の社会福祉の課題をともに考えることとする。

　本書の目的は、社会福祉の基本的な価値観・視点を修得することと、各分野を包含した社会福祉の全体的な広がりを把握することである。福祉という言葉は一般的に使われている言葉であり、そこには様々な意味や様々なイメージが込められている。しかし、そうした意味やイメージは、現実の社会福祉専門職の実践とは乖離していることが多い。社会福祉は専門的な営みであるとともに、一般にイメージされている以上に幅広い分野に展開している。本書を通じて、社会福祉と社会福祉専門職への理解が進むことが期待される。

改訂にあたって

　本書の初版は2012年3月（2011年度）に発行されたものであるが、その後、毎年のように社会福祉制度の改定が実施されている。今回の改訂はそれらの制度改定を盛り込んで追加修正したものである。

　しかし、一連の制度改定をすべて「改正」と呼んでいいのかには大きな疑

問が残る。この 3 年間の流れは、どちらかといえば「改悪」と呼べるような社会福祉削減の流れであったように思える。そうした中、単に改定された事項を覚えることにとどまらず、改定が個々の社会福祉対象者にどのような影響を現実的に与えたのか、あるいは与えようとしているのかをしっかりと見据えてほしい。本書の「おわりに」では、「一人一人の人間が、社会生活上の問題を自分のこととして受け止め、そうした問題を生み出す社会を直視し、社会を変えていくべく動き出すことが、市民としての役割である」と記している。制度の変更が新たな社会問題を生み出すような状況の中、制度の問題点を批判的に把握し、問題のある制度ならば、制度変更に向けて働きかけていくという視点を大切にしてほしいと切に思う。

3 訂にあたって

　本書の初版は 2012 年 3 月（2011 年度）に発行されたものである。その後、2015 年 2 月（2014 年度）に改訂版を発行した。その後も社会福祉制度の改定が実施されており、今回はそれらの制度改定を織り込むとともに、社会福祉援助技術についてもコミュニティソーシャルワークなど、近年の動向を踏まえた見直しを行った。

　2015 年の改訂時に、一連の制度改定をすべて「改正」と呼んでいいのか、どちらかといえば「改悪」と呼べるような社会福祉削減の流れであったように思える、と書いた。その後の 5 年間の制度改定は、単なる削減という範囲を超えて、社会保障制度そのものが大きくゆらぎ、その維持・存続を図ることまでをも考えなければならない時代であったと言える。消費税を中心とする税制をめぐる混迷、大きく変貌する雇用制度、日本社会の格差拡大と相対的貧困の拡大・貧困の連鎖、日本経済の国際競争力の低下、リスク社会の進展など、グローバル化した世界における日本の国際的位置の低下の中、どのように社会福祉を維持し充実させていくのかを問わざるを得ない状況となっ

ている。そうした状況下において、社会福祉を財政論の中に収斂させてはならない。今一度、社会福祉が根底に持っている理念を見つめ直し、そこから個別的な実践と制度のありようを再構築していかなければならない。人権、社会正義、公正といった社会福祉や民主主義社会の根幹にある理念そのものが揺らいでいる時代であるからこそ、もう一度原点から社会福祉を見つめ直してほしいと切に思う。

目　　次

Ⅰ．寄人撰

第1章　事例を支える根本理念

●キーワード：
　共感、思い、Life、人権、社会生活上の基本的要求
●考えるべき課題：
　①事例に対して、どのように向き合えばよいのだろうか？
　②社会福祉の支援とは何を目指すものなのだろうか？
　③社会福祉の支援にとって一番大切なものは何なのだろうか？
　④社会生活の支援とは、具体的に何を支援するのだろうか？

1）事例紹介

　まずは事例の「基本情報」を見ていただきたい。第15章で改めてこの事例を取り上げ、どのような支援の計画を立てるのかを検討するので、専門的な用語などはそのまま読み飛ばしてもらえばよい。まずは、どのような話なのかをイメージしてほしい。具体的な事例を前にした時に最も重要なことは、例えそれが紙の上の話であったとしても、その事例に真摯に向き合う態度である。しっかりとイメージをつかんで、事例に入り込む姿勢である。この事例の場合は、直接の対象となっているのは74歳のT. O. さんだが、夫や障害のある長男を含め、家族全体を支援の対象ととらえなければならないことが分かるであろう。その上で、この家族の日々の生活がどのようなものなのかをイメージして欲しい。生活とは、毎日毎日の暮らしである。一日の時間の流れ、月曜から土曜日曜へとかけての週の流れ、お盆や年末年始などを含めての一年の流れなどである。事例の中から問題を発見し、どう解決するのかと考えるのは間違ってはいない。しかしその前に大切なことは、事例に入り込み、事例で描かれている人たちの日々の生活をイメージすることである。さて、イメージができれば、次は事例に登場する人物の思いへと入り込んで欲しい。対象となっているT. O. さん。これまでの生活歴が簡単に記されている。その歩んできた道を追体験して欲しい。目の前で起こっていることを

歴史軸の中に置き直すことは、事例を見る場合には大変重要なことである。一人一人の登場人物は様々な人生を歩んできた上で、今を生きているわけであり、家族全体も、家族としての物語を作りつつ、今に至っている。今のその人の思いに入るためには、その人が歩んできた人生へと入りこむ必要がある。そして、その人の立場にたったならば、何を感じ、どう生きたいと思うのか、その思いを想像して、共感する姿勢を持って欲しい。この事例の場合なら、二人の子ども、特に知的障害のある子どもを育ててきた歴史に思いをはせて欲しい。また結婚当初からずっと住んでいる自宅にも思いをはせて欲しい。結婚して購入した家、この家で、二人の子どもが生まれ、育ててきた家、そして長女の結婚。そうした家族の歴史がこの家には刻まれている。この事例、長女の訴えにあるように、このまま支援の手が入らなければ、生活が破綻してしまいそうな状況である。しかし、問題点を探す前に家族の生活全体をイメージし、一人一人の登場人物の思いに入り込むことが、治療でも指導でもない、「支援」を行う社会福祉にとっては、最も重要なことである。

表1－1　事例　－基本情報－

利用者名	T．O		性別	女	生年月日	昭和20年○月○日　（74歳）
住所	○○県　○○市　○○町　○○－○○				連絡先	○○○－○○○－○○○○

主訴	夫（76歳）と中度の知的障害のある長男との3人暮らし。1年あまり前から、薬の飲み忘れなど、もの忘れが目立つようになってきて、アルツハイマー病の診断を受けている。家事もこなせなくなってきているが、自分が病気であるという認識はない。長男は現在知的障害者の通所施設に通っており、ADLは自立しているが、家事はできず、食事はコンビニで好きなものを買ってきて、好きな時に食べている状態。夫は健康状態に大きな問題はなく、現在家事の中心を担っているが、腰や手足の痛みがあり家事をこなすのはおっくうなようである。妻がアルツハイマー病であることを受け入れておらず、妻の週1回のデイサービスも通う必要はないと拒否的で（休みがちになっている）、ヘルパーの受け入れも拒否している。3人とも、今のままの生活に支障を感じている様子はなく、このままの生活を希望している。長女は結婚して、近隣の県に住んでおり、2週間に一度、のぞきに来ては掃除などの家事をしている。長女から、このまま3人での生活はとても無理であり、心配でならないということで、相談があった。

生活歴・生活状況

【生活歴】
　勤め人の家庭の長女として生まれる。兄と弟の3人兄弟。高校卒業後は銀行で働いていたが、昭和46年にサラリーマンの夫と結婚し、女の子1人、男の子1人をもうける。夫は5年前に退職し、今は家にいる。長女（46歳）は結婚して近接の県に住んでおり、2週間に一度親を訪ねている。長男（42歳）は知的障害があり（中度の知的障害＝療育手帳B1）、特別支援学校卒業後は市内の障害者の就労継続施設に通っている。結婚後は仕事を辞め専業主婦をしており、長男の障害が分かってからは、家事や長女の育児とともに、長男の世話をずっとしてきた。

【家族構成】

【経歴・病歴等】
　1年あまり前からもの忘れの症状が目立つようになり、長女のすすめで病院を受診しアルツハイマー病の診断を受ける。高血圧で薬を飲んでいる。

【主治医】
　1回／月、近くのF診療所（内科）に通院

日常生活自立度	障害高齢者の日常生活自立度	J2	認知症高齢者の日常生活自立度	Ⅱa
認定情報	要介護1			
利用者の被保険者情報	国民健康保険、国民年金、夫の厚生年金に長男の障害基礎年金。			
現在利用しているサービス	デイサービス（1回／週）だが、3回に1回は休んでいる。			

表1－2　障害高齢者の日常生活自立度

生活自立	ランクJ	何らかの障害等を有するが、日常生活はほぼ自立しており独力で外出する 　1．交通機関等を利用して外出する 　2．隣近所なら外出する
準寝たきり	ランクA	屋内での生活はおおむね自立しているが、介助なしには外出しない 　1．介助により外出し、日中はほとんどベッドから離れて生活する 　2．外出の頻度が少なく、日中も寝たり起きたりの生活をしている
寝たきり	ランクB	屋内での生活は何らかの介助を要し、日中もベッド上での生活が主体であるが、座位を保つ 　1．車いすに移乗し、食事、排泄はベッドから離れて行う 　2．介助により車いすに移乗する
	ランクC	一日中ベッド上で過ごし、排泄、食事、着替において介助を要する 　1．自力で寝返りをうつ 　2．自力では寝返りもうたない

表1－3　認知症高齢者の日常生活自立度

ランク	判定基準	見られる症状・行動の例
I	何らかの認知症を有するが、日常生活は家庭内及び社会的にほぼ自立している。	
IIa	家庭外で、日常生活に支障を来たすような症状・行動や意思疎通の困難さが多少見られても、誰かが注意していれば自立できる。	たびたび道に迷うとか、買物や事務、金銭管理等それまでできたことにミスが目立つ等。
IIb	家庭内でも上記IIaの状態が見られる。	服薬管理ができない、電話の応対や訪問者との応対など一人で留守番ができない等。
IIIa	日中を中心として、日常生活に支障を来たすような症状・行動や意思疎通の困難さがみられ、介護を必要とする。	着替え、食事、排便・排尿が上手にできない・時間がかかる、やたらに物を口に入れる、物を拾い集める、徘徊、失禁、大声・奇声をあげる、火の不始末、不潔行為、性的異常行為等。
IIIb	夜間を中心として、日常生活に支障を来たすような症状・行動や意思疎通の困難さがみられ、介護を必要とする。	
IV	日常生活に支障を来たすような症状・行動や意思疎通の困難さが頻繁に見られ、常に介護を必要とする。	
M	著しい精神症状や問題行動あるいは重篤な身体疾患が見られ、専門医療を必要とする。	せん妄、妄想、興奮、自傷・他害等の精神症状や精神症状に関連する問題行動が持続する状態等。

表1－4　要介護度（介護保険）

非該当（自立）	社会的支援を要しない状態
要支援1	社会的支援を要する状態
要支援2	部分的な介護を要する状態
要介護1	
要介護2	軽度の介護を要する状態
要介護3	中等度の介護を要する状態
要介護4	重度の介護を要する状態
要介護5	最重度の介護を要する状態

表1－5　アセスメント概要

健康状態	これまで特に大きな病気をしたことはない。が、高血圧のため通院（1回／月）している。1年ほど前から、物忘れがひどくなってきて、薬の飲み忘れが目立つようになってきている。
ADL	歩行などには問題はない。入浴や食事には問題はないが、着替えに支障が出ているのと、尿をもらしてしまうことがたまに見られるようになってきている。
IADL	調理はできなくなっており、夫が調理している。近くの店に自分で買い物にはいけるが、迷子になってしまうことが、これまで2、3度あった。
認知	短期記憶障害が進行している。
コミュニケーション能力	会話は可能であり、特に問題はない。
社会とのかかわり	たまに近くに買い物に出かける以外はだいたい家にいる。子どものことにかかりきりだったので、人間関係はあまりない。
口腔衛生	義歯。手入れは声かけをすればできる。
食事摂取	自立。
介護力	食事づくりや着替えの介助などは夫が行っているが、洗濯や掃除は気が向いた時にやっている状態で、2週間に一度訪ねてきている長女が、まとめて行っている。夫は腰や手足の痛みがあり、あまり介護の多くは期待できそうにない。長女もパートをしながら、子ども2人を抱えており、これ以上の期待はできない。長男は自分のことは出来ているが、介護を期待することはできない。
居住環境	2階建て、一戸建ての持ち家。結婚した当時に購入したもので、築50年近くになっている。トイレは洋式、お風呂の浴槽の位置は高い。玄関にあがるのに数段の石段がある。長男は自分の部屋（2階）にこもっていることが多い。
特別な状況	長男が中度の知的障害。ADLはほぼ自立しているが、家事などはできない。

２）Lifeとは

　続いて「アセスメント概要」を見ていただきたい。ここではいくつかの項目を設定し、どのような状態であるのかを評価（＝アセスメント）している。ADLとは、Activities of Daily Livingの略で、日常生活動作と訳される。具体的には、食事、排泄、入浴、移動、着替えなど、日常生活を営む上で欠かすことのできない基本的な行動のことである。IADLとは、Instrumental Activities of Daily Livingの略で、手段的日常生活動作と訳される。具体的には、電話をするとか、食事の支度をするとか、買い物に行く、掃除をするなど、ADL（日常生活動作）を応用して行う行動のことである。アセスメントにおいては、健康状態やADLなどといった本人の身体状況のみならず、社会とのかかわりや家族、介護力、居住環境など幅広くその人の生活を把握している。

　ここで、事例をとらえるにおいてのキーワードとなるLifeという言葉を紹介したい。Lifeには、命、生活、人生という三重の意味がある。社会福祉に関わる人に限らず、本書が対象とする対人援助に関わる人は、人を対象とする、つまりはLifeに関わることとなる。Lifeの最も根底にあるのは命で

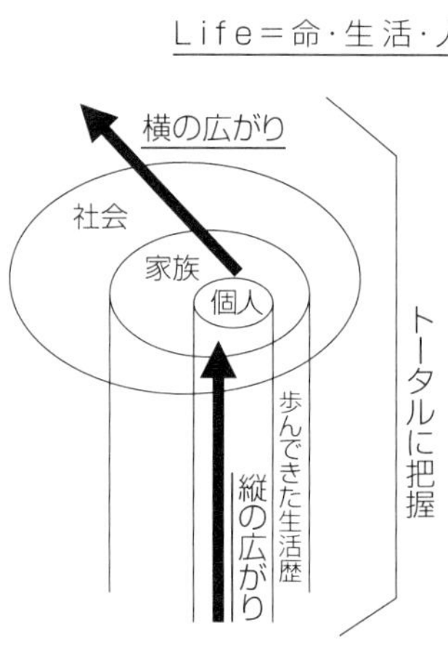

図１－１　Lifeとは

ある。命の確保が何よりの必要条件となる。しかし、命を救うことだけが対人援助ではない。社会福祉は、その人の生活に着目し、その人らしい生活を支援するという立場に立っている。例えば、病気で入院する人は患者と呼ばれる。狭い意味での医療で見れば、対象となるのはその人個人であり、かつその人の抱えている病気ということになる。問題であるその人の病気に着目することから患者という言葉が生まれる。そして、病気を治療すること、つまりその人を患者から解放することが治療の目的となる。それに対して、患者ではなく生活者という言葉が使われることがある。これはその人を病気を抱えている人ということだけではなく、広くその人の生活全体をとらえようという立場である。その人は患者であるとともに、仕事をしているという意味では職場で働くサラリーマンでもある。結婚し、妻と子どもとともに暮らしているということからすれば、夫でもあり、父親でもある。このように人は例え病気を持っていても、患者という役割だけでなく、様々な社会的な役割を持って生きている。生活者とは、このような様々な役割を持って生きている人としてその人をとらえることである。社会福祉は社会生活の支援を目的としているわけなので、一貫してこの生活という視点に立脚してきた。しかし昨今は、医療や看護においても生活を支えるという視点が重視され、対人援助の分野ではこの生活を支えるという視点が共通認識化されつつある。

　Life にはもう一つ、人生という意味がある。その人がどのような人生を歩んできたのか、そしてこれからどのような人生を歩んでいくのかという点である。日々の生活をどのようにまわしていくのか、まわしていくためにどのような支援を行うのか、といったことにとどまらない奥深さを社会福祉の支援は持っている。つまり、問題を解決するために必要なサービスと結びつける、といったことにとどまらない深いものを、Life に関わる対人援助職は持っている。なので、その人がどのような人生を歩んできたのか、その人生への理解と共感がまずは前提となる。そのためには、先ほどの事例で見たように、その人の生活歴の把握が欠かせない。人の生活は横の広がりと縦の広がりを持っている。家族関係や社会関係といった横の広がり、生きてきた人生、これから生きていく人生という縦の広がり、この横と縦とが織りなす次

元の中で人をとらえるのが Life に関わる視点ということになる。目の前の様々な問題を個々に解決していくことは重要であり、それが社会福祉を含む対人援助の仕事ではあるけれども、人生への理解・共感をベースにし、歩んできた人生の延長線上にあるこれからの人生を支えていく視点を持つことによって、支援の目標はより深いものとなっていく。

3）人権尊重

　社会福祉には今でも慈善のイメージがつきまとう。社会的に「強く」「豊かな」人が、「弱く」「貧しい」人を助けるというイメージである。しかし、社会福祉は人としての権利をまもることを仕事としている。ということは、権利はまもられるべきものとして人に賦与されている、ということを前提としている。有名な言葉に「国家からの自由、国家への自由、国家による自由」というものがある。それぞれ自由権、参政権、社会権を指している。国家からの自由とは国家から干渉されない権利、国家から制約や強制を受けない権利を指している。絶対君主制に対する闘いから近代国家が生まれるにあたっての時期に主張された権利であり、今も脈々と受け継がれている。具体的には財産権の保障（日本国憲法第29条）や職業選択の自由（同第22条）の

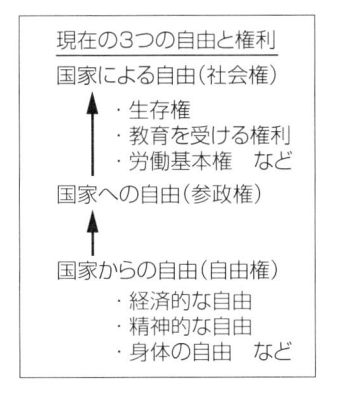

図1－2　権利の発展図式と類型

ような経済的な自由から、思想・良心の自由（同第19条）、信教の自由（同第20条）、集会・結社・表現の自由（同第21条）といった精神的な自由、奴隷的拘束・苦役からの自由（同第18条）といった身体の自由などを指している。こうした国家からの自由に対して、国家への自由とは、自由権の維持確保のために国家への参加の権利、具体的には参政権ということになる。近代国家の成立と発展は、絶対王政への闘いの歴史であり、自由権、参政権獲得の運動が展開してきた。これらに対し、国家による自由である社会権は20世紀に現れた新しい権利ということになる。国家からの自由は、国家に余計なことをされない権利であるが、国家による自由は、逆に国家が介入することによって得られる自由ということになる。社会の中で人間らしく生きていくことを国家が保障するという考え方のもとに立ち、具体的には生存権（同第25条）、教育を受ける権利（同第26条）、労働基本権（同第27条）などがあげられる。社会福祉にとって重要なのは、この内、第25条の生存権である。条文ではこう述べられている。「すべて国民は、健康で文化的な最低限度の生活を営む権利を有する。国は、すべての生活部面について、社会福祉、社会保障及び公衆衛生の向上及び増進に努めなければならない。」最低限度の生活を営む権利を国民は有しており、それを国家は保障することが求められている。国家による自由として、国家は社会保障制度などにより、積極的に国民生活への介入を図り、国民の生活を保障しなければならないのである。つまり、社会福祉は誰かの恩恵によって成り立つものではなく、国家によって保障されるべき権利として国民に賦与されている社会権を保障するものという位置づけになっているのである。社会福祉は権利をまもることを使命としている。暴力や搾取から人をまもるということのみならず、その人らしい生活をまもるという意味で、国家による権利保障の役割を具体化する制度・実践として存在しているのである。だから、社会福祉はお恵みではない。可能ならば支援しようというものでもない。その人の権利を保障するために、欠かすことのできない国家的な装置であり、国民が権利保障を国家に要求できる性質のものなのである。この社会福祉は権利としてあり、かつ権利をまもることが社会福祉である点をしっかり押さえておきたい。

4）社会生活上の基本的要求

　ここまで、社会福祉は人の Life（命、生活、人生）に関わるものであること、そして社会福祉は権利として存在し、権利をまもるものであることを見てきた。それでは、社会福祉が対象とする生活とは具体的にはどのようなものなのだろうか。ここでは、戦後の社会福祉の理論研究として大きな役割を果たし、今でもその考え方が大きな影響を持っている岡村重夫の社会福祉理論を引きながら考えていきたい（岡村重夫（1968）『全訂社会福祉学（総論）』柴田書店）。

　岡村は、社会福祉が対象とするものは、無限定な生活上の困難ではなく、

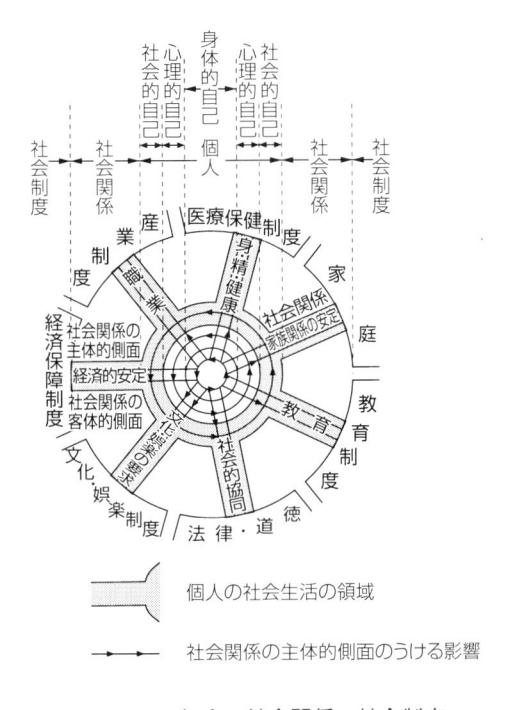

図1－3　個人－社会関係－社会制度

（岡村 1968：132）

個人の社会生活上の困難に限定するとしている。それでは、そもそも個人の社会生活とは何か。個人が社会で生活を送るということは、社会の中でなにがしかの要求を充たすということになる。要求が充たされることによって、個人は社会の中で生活することができ、それとともに、その要求を充たす行為は社会における役割実行として社会にも役立つ。そこで、「社会的存在としての個人の必然的な生活上の要求であると同時に、社会自体の存続のために不可避の最低条件をみたすもの」（岡村 1968：111）である社会生活上の基本的要求を７つあげている。この７つとは、経済的安定、職業の機会、身体的・精神的健康の維持、社会的協同、家族関係の安定、教育の機会、文化・娯楽に対する参加の機会、である（岡村 1968：119-120）。こうした７つの社会生活上の基本的要求が充たされることが、個人が社会生活を送るために必要な事項であり、こうした要求の充足のための役割を社会福祉は果たすこととなる。ここで大切な点が二つある。一つは、こうした要求の充足は、その人個人で果たされるものではない。社会は様々な社会制度から成り立っている。先ほどの７つの社会生活上の要求に対応させれば、経済保障制度、産業制度、医療保健制度、法律・道徳、家庭、教育制度、文化・娯楽制度である（岡村 1968：132）。こうした社会制度と個人とが関わる、つまりは関係を結ぶことによって初めて、要求の充足は可能となる。従って社会福祉の役割は、個人と社会制度とが関係を結ぶことが可能となるように支援することになる。もう一つ重要なことは、個人の側からみれば、様々な要求は一人の人間のもとに一体となっており、人は様々な社会制度との関係を複数結ぶことによって、この社会を生きているということである。つまり、夫、父親、地域住民、社員、患者、などなど様々な姿を色々と使い分けながらも、すべての姿を一人の人間として一体化させながら生きているということである。社会福祉は個人と社会制度との関係づくりを支援するとともに、個人の側に立って、様々な社会制度との関係、つまりは社会的な様々な役割が全体としてうまく調整がつくような形で支援するということである。失業することによって、社員としての役割を喪失し、職業の機会が失われたとするならば、職業の機会という社会生活上の基本的要求を充たすために、社会福祉は社会

制度とその個人のつながりをつけるために活動する。それとともに、失業という事態は、経済的安定にも関わることでもあれば、家族関係にも影響を及ぼすこととなる。失業手当という制度は、その人の失業という部分にのみ着目するものであるが、社会福祉は、その人の全体を見る視点に立つので、単に収入が得られるための支援ということにとどまらず、仕事をしたいという要求、安定した家庭の維持といった全体を押さえた支援を行う所に特徴がある。

第2章　社会福祉を支える人々

●キーワード：
　社会福祉士、介護福祉士、精神保健福祉士、相談援助、価値、知識、技術

●考えるべき課題：
　①社会福祉専門職の働く場にはどのようなものがあるのか？
　②社会福祉専門職の資格にはどのようなものがあるのか？
　③社会福祉専門職の行う相談援助とはどのようなものなのか？
　④社会福祉専門職に必要な能力とはどのようなものなのか？

1）社会福祉の営まれる場

　社会福祉の仕事には様々なものがあり、行われる場も様々にある。また仕事という形に限定されない所も特徴であり、ボランティア活動や、家族が行う家族介護なども福祉の営みである。この章では、社会福祉を仕事とする人たちを社会福祉専門職とし、どのような仕事をどのような目的のもとに行っているのかを見ていくこととする。

　まず、社会福祉の営みが行われている場から見ていくこととする。前の章で見たように、社会福祉の仕事は社会生活の援助である。従って、社会生活が営まれる場所が、社会福祉の営まれる場所ということになる。例えば、子育てや介護という場面を考えてみれば、その多くは家庭という場ということになる。ただ、ここでは社会生活の援助ということを目的として取り込んで設定されている場に限定し、その整理から始めたい。

　まずは施設という場がある。施設とはそこで一定の時間、人々が過ごす場所であり、大きく分けて、そこに人々が暮らしている「入所型」と、家庭などから通っている「通所型」に分けられる。また利用する人々の性質に着目すると、高齢者福祉施設、障害者福祉施設、児童福祉施設などといった分け方もできる。

　施設以外には様々な機関が存在する。身近なものとしては市役所や区役所

といった行政機関がある。まず代表的なものは福祉事務所である。福祉事務所は社会福祉法で規定されている。

・社会福祉法

第14条　都道府県及び市（特別区を含む。以下同じ。）は、条例で、福祉に関する事務所を設置しなければならない。

2　都道府県及び市は、その区域（都道府県にあつては、市及び福祉に関する事務所を設ける町村の区域を除く。）をいずれかの福祉に関する事務所の所管区域としなければならない。

3　町村は、条例で、その区域を所管区域とする福祉に関する事務所を設置することができる。

4　町村は、必要がある場合には、地方自治法の規定により一部事務組合又は広域連合を設けて、前項の事務所を設置することができる。この場合には、当該一部事務組合又は広域連合内の町村の区域をもつて、事務所の所管区域とする。

5　都道府県の設置する福祉に関する事務所は、生活保護法、児童福祉法及び母子及び父子並びに寡婦福祉法に定める援護又は育成の措置に関する事務のうち都道府県が処理することとされているものをつかさどるところとする。

6　市町村（特別区を含む。以下同じ。）の設置する福祉に関する事務所は、生活保護法、児童福祉法、母子及び父子並びに寡婦福祉法、老人福祉法、身体障害者福祉法及び知的障害者福祉法に定める援護、育成又は更生の措置に関する事務のうち市町村が処理することとされているもの（政令で定めるものを除く。）をつかさどるところとする。

7　町村の福祉に関する事務所の設置又は廃止の時期は、会計年度の始期又は終期でなければならない。

8　町村は、福祉に関する事務所を設置し、又は廃止するには、あらかじめ、都道府県知事に協議しなければならない。

一般に福祉事務所という名称はなじみが薄いと思われるが、役場や役所などの中に設置され、様々な福祉に関する相談や手続きなどを行っている。その他の行政機関として、児童相談所がある。児童相談所は児童福祉法に基づき設置されており、児童に関する専門的な相談に応じている。その他、身体障害者福祉法に基づく身体障害者更生相談所、知的障害者福祉法に基づく知的障害者更生相談所などの行政機関がある。

　こうした行政機関以外にも様々な福祉活動を行う機関が存在している。一般にはまだまだ認知度が低いきらいもあるが、社会福祉協議会という民間機関もある。社会福祉協議会は、地域活動を行ったり、地域の人々の福祉活動を支援することを通して、福祉のまちづくりのための活動を行っている。市区町村、都道府県、全国とそれぞれの圏域に設置されている。例えば最も住民に身近な市町村の社会福祉協議会については、社会福祉法で以下のように規定されている。

・社会福祉法
　第109条　市町村社会福祉協議会は、一又は同一都道府県内の二以上の市町村の区域内において次に掲げる事業を行うことにより地域福祉の推進を図ることを目的とする団体であつて、その区域内における社会福祉を目的とする事業を経営する者及び社会福祉に関する活動を行う者が参加し、かつ、指定都市にあつてはその区域内における地区社会福祉協議会の過半数及び社会福祉事業又は更生保護事業を経営する者の過半数が、指定都市以外の市及び町村にあつてはその区域内における社会福祉事業又は更生保護事業を経営する者の過半数が参加するものとする。
　一　社会福祉を目的とする事業の企画及び実施
　二　社会福祉に関する活動への住民の参加のための援助
　三　社会福祉を目的とする事業に関する調査、普及、宣伝、連絡、調整及び助成
　四　前三号に掲げる事業のほか、社会福祉を目的とする事業の健全な発達を図るために必要な事業

こうした機関以外でも、社会福祉を目的とするものではないが、利用者の社会福祉課題に対する対応が求められていることから、病院、学校、刑務所なども社会福祉が営まれる場所となっている。

2）社会福祉の専門職とは

このように社会福祉の営まれる場は様々にあるが、最も身近な場となっているのは施設であろう。施設で営まれる社会福祉実践の中心となるのは介護と保育だといえる。こうした直接利用者に関わりその支援を行う人々をケアワーカーと呼ぶ。それに対して、後述するように相談援助を中心として支援を行う人々をソーシャルワーカーと呼ぶ。ケアワーカーの代表的なものとしては、介護福祉士と保育士をあげることができる。介護福祉士は、社会福祉士及び介護福祉士法第2条2で、「この法律において「介護福祉士」とは、第四十二条第一項の登録を受け、介護福祉士の名称を用いて、専門的知識及び技術をもつて、身体上又は精神上の障害があることにより日常生活を営むのに支障がある者につき心身の状況に応じた介護（喀痰吸引その他のその者が日常生活を営むのに必要な行為であって、医師の指示の下に行われるもの（厚生労働省令で定めるものに限る。以下「喀痰吸引等」という。）を含む。）を行い、並びにその者及びその介護者に対して介護に関する指導を行うこと（以下「介護等」という。）を業とする者をいう。」とされている。児童分野で中心となっているのは保育士であり、保育士は、児童福祉法第18条の4で、「この法律で、保育士とは、第十八条の十八第一項の登録を受け、保育士の名称を用いて、専門的知識及び技術をもつて、児童の保育及び児童の保護者に対する保育に関する指導を行うことを業とする者をいう。」と定められている。

このように直接利用者のケアに関わる専門職に対し、ソーシャルワーカーと呼ばれる専門職は、相談援助を主たる業務とする。しかしここでいう相談援助とは、カウンセリングとは重なる部分もあるが、目的とするところはかなり異なる。社会福祉の援助は社会生活の援助であることから、その人の内

面そのものを援助の対象とするのではなく、その人と社会とをつなぐことを主目的とするところに、社会福祉の相談援助の特徴がある。ソーシャルワーカーの資格としては社会福祉士が中心となる。社会福祉士は、社会福祉士及び介護福祉士法第2条で規定されており、「この法律において「社会福祉士」とは、第二十八条の登録を受け、社会福祉士の名称を用いて、専門的知識及び技術をもつて、身体上若しくは精神上の障害があること又は環境上の理由により日常生活を営むのに支障がある者の福祉に関する相談に応じ、助言、指導、福祉サービスを提供する者又は医師その他の保健医療サービスを提供する者その他の関係者（第四十七条において「福祉サービス関係者等」という。）との連絡及び調整その他の援助を行うこと（第七条及び第四十七条の二において「相談援助」という。）を業とする者をいう。」と定められている。この条文にある通り、社会福祉士の行う相談援助とは、福祉に関する相談に

```
┌────────────────────────────────────────────────────────────────┐
│            社 会 福 祉 士 資 格 （ 登 録 ）                      │
└────────────────────────────────────────────────────────────────┘
┌────────────────────────────────────────────────────────────────┐
│            社 会 福 祉 士 国 家 試 験                            │
└────────────────────────────────────────────────────────────────┘
                              ┌──────────────┐  ┌──────────────────┐
                              │短期養成施設等 │  │一般養成施設等     │
                              │（6月以上）    │  │（1年以上）        │
                              └──────────────┘  └──────────────────┘

福祉系   実務1年  実務2年  児童福祉司  福祉系   実務1年  実務2年  実務2年  一般    実務1年  実務2年  実務4年
大学等   指定施設 指定施設 身体障害者  大学等   指定施設 指定施設 指定施設 大学等  指定施設 指定施設 指定施設
         (更生相  (更生相  福祉司              (更生相  (更生相  (更生相          (更生相  (更生相  (更生相
4年      談所等)  談所等)  査察指導員  4年      談所等)  談所等)  談所等)  4年     談所等)  談所等)  談所等)
         福祉系   福祉系   知的障害者           福祉系   福祉系   社会福祉         一般     一般
指定科目 短大等   短大等   福祉司     基礎科目 短大等   短大等   主事     基礎科目 短大等   短大等
履修     3年      2年      老人福祉   履修     3年      2年      養成機関 を履修   3年      2年
(18科目) 指定科目 指定科目 指導主事   (12科目) 基礎科目 基礎科目          してい  基礎科目 基礎科目
         履修     履修     4年                 履修     履修              ない者  を履修   を履修
         (18科目) (18科目)                     (12科目) (12科目)                  してい  してい
                                                                                ない者  ない者
7条1号    4号     7号     12号       2号      5号      8号      9号      3号     6号     10号    11号
```

図2－1　社会福祉士の資格取得方法（平成30年4月1日現在）

厚生労働省webサイト

https://www.mhlw.go.jp/stf/seisakunitsuite/bunya/hukushi_kaigo/
seikatsuhogo/shakai-kaigo-fukushi1/shakai-kaigo-fukushi2.html

（2019年11月5日アクセス）

応じるとともに、他の専門職等との連絡・調整も含まれている。

　社会福祉士は国家試験に合格することによって取得できるものであるが、国家試験の受験資格を得るためのルートには様々なものがある。

　なお、社会福祉士の資格は名称独占といわれ、業務独占とは区別される。業務独占とはその資格がなければその業務を行ってはならないものであって、例えば医師や弁護士などがある。医師以外は医業は行えないし、弁護士以外は弁護士業務を行うことはできない。これに対し、名称独占とは、社会福祉士でないものが社会福祉士と名乗ってはいけないということであり、その業務自体を独占しているわけではない。社会福祉士以外の者が「相談援助」を行ってもよいわけであるが、資格を持っていないものが社会福祉士を名乗ることは法的に禁止されている。

　社会福祉士の働く場としては、施設での相談員であったり、行政機関、社会福祉協議会、病院（メディカルソーシャルワーカー＝ＭＳＷと呼ばれる）、学校（スクールソーシャルワーカー＝ＳＳＷと呼ばれる）などがある。

　同じくソーシャルワーカーとしての国家資格として精神保健福祉士がある。精神保健福祉士は、精神保健福祉士法第２条で、「この法律において「精神保健福祉士」とは、第二十八条の登録を受け、精神保健福祉士の名称を用いて、精神障害者の保健及び福祉に関する専門的知識及び技術をもって、精神科病院その他の医療施設において精神障害の医療を受け、又は精神障害者の社会復帰の促進を図ることを目的とする施設を利用している者の地域相談支援（障害者の日常生活及び社会生活を総合的に支援するための法律第五条第十八項に規定する地域相談支援をいう。第四十一条第一項において同じ）の利用に関する相談その他の社会復帰に関する相談に応じ、助言、指導、日常生活への適応のために必要な訓練その他の援助を行うこと（以下「相談援助」という。）を業とする者をいう。」とされており、社会福祉士と同じく相談援助に従事するものであるが、精神科病院その他の医療施設や精神障害者の社会復帰施設などを利用している者を対象に支援を行う。

　なお、ケアマネージャーという言葉を聞くことが多いと思われるが、これは正式には介護支援専門員と呼ばれ、介護保険法第７条５で、「この法律に

おいて「介護支援専門員」とは、要介護者又は要支援者（以下「要介護者等」という。）からの相談に応じ、及び要介護者等がその心身の状況等に応じ適切な居宅サービス、地域密着型サービス、施設サービス、介護予防サービス若しくは地域密着型介護予防サービス又は特定介護予防・日常生活支援総合事業を利用できるよう市町村、居宅サービス事業を行う者、地域密着型サービス事業を行う者、介護保険施設、介護予防サービス事業を行う者、地域密着型介護予防サービス事業を行う者、特定介護予防・日常生活支援総合事業を行う者等との連絡調整等を行う者であって、要介護者等が自立した日常生活を営むのに必要な援助に関する専門的知識及び技術を有するものとして第六十九条の七第一項の介護支援専門員証の交付を受けたものをいう。」と規定されている。

　もう一つ、社会福祉主事という言葉を聞くことも多いであろう。社会福祉主事とは社会福祉法で以下のように規定されている。

・社会福祉法
　第18条　都道府県、市及び福祉に関する事務所を設置する町村に、社会福祉主事を置く。
　2　前項に規定する町村以外の町村は、社会福祉主事を置くことができる。
　3　都道府県の社会福祉主事は、都道府県の設置する福祉に関する事務所において、生活保護法、児童福祉法及び母子及び父子並びに寡婦福祉法に定める援護又は育成の措置に関する事務を行うことを職務とする。
　4　市及び第一項に規定する町村の社会福祉主事は、市及び同項に規定する町村に設置する福祉に関する事務所において、生活保護法、児童福祉法、母子及び父子並びに寡婦福祉法、老人福祉法、身体障害者福祉法及び知的障害者福祉法に定める援護、育成又は更生の措置に関する事務を行うことを職務とする。
　5　第二項の規定により置かれる社会福祉主事は、老人福祉法、身体障害者福祉法及び知的障害者福祉法に定める援護又は更生の措置に関する事務を行うことを職務とする。

　社会福祉主事は任用資格と呼ばれ、第19条に定められた以下の要件に該当するものから任用される。

　・社会福祉法
　第19条
　　一　学校教育法（昭和二十二年法律第二十六号）に基づく大学、旧大学令（大正七年勅令第三百八十八号）に基づく大学、旧高等学校令（大正七年勅令第三百八十九号）に基づく高等学校又は旧専門学校令（明治三十六年勅令第六十一号）に基づく専門学校において、厚生労働大臣の指定する社会福祉に関する科目を修めて卒業した者
　　二　厚生労働大臣の指定する養成機関又は講習会の課程を修了した者
　　三　社会福祉士
　　四　厚生労働大臣の指定する社会福祉事業従事者試験に合格した者
　　五　前各号に掲げる者と同等以上の能力を有すると認められる者として厚生労働省令で定めるもの

3）社会福祉専門職に必要な能力

　それでは、以上述べたような社会福祉専門職にはどのような能力が必要とされるのだろうか。第1章で取り上げた事例に戻って欲しい。この事例を解決するためには、何を身につけていなければならないだろうか。
　まずは価値である。詳しくは第6章で述べるが、利用者の人権をまもるといった基本的なことから、その人への共感、その人の生活や人生についての幅広い理解、そして目指すべき方向性についての考え方などが求められる。社会福祉の支援には客観的にこれが正しいという「正解」は存在せず、利用者の暮らし方、生き方に沿った支援を展開するところに特徴がある。その意味では、いずれかの価値を選び取らなければならない。なので、自らの価値観を相対化し、利用者との信頼関係を作り、ともに今後の方向性を考えていける、人間性自体も含めた豊かな価値観が求められる。

次に知識である。事例を読むだけでも、様々な知識が求められることが分かるであろう。利用者の状態を把握するだけでも、医学、心理、社会などの様々な知識が求められるし、実際の支援に当たっては、適用すべき様々な法律についての広範な知識が必要となる。一般に社会福祉というと、先ほどの価値の部分が強調されがちであるが、「冷静な頭と暖かい心」といわれるように、独りよがりの対応にならないためにも、客観的な幅広い知識が求められるのである。

　最後に技術である。介護や保育といったケアワークにおいては、実際に利用者に関わるにおいての様々な技術が存在するし、相談援助であれば、相談援助の技術が様々に存在する。価値や知識が豊富で豊かであっても、技術がついてこなければ利用者の信頼を得ることはできない。社会福祉専門職養成の場では、演習や実習といった場で技術の修得に力を入れている。

　以上、社会福祉専門職は、価値、知識、技術の三つを必要な能力とするとともに、こうした能力が、支援を行う人間という中に統合されていることが必要となる。事例において、例えば利用者についての様々な情報を集めようと思っても、専門職と利用者との間で信頼関係が生まれていなければ何も話してはもらえない。信頼関係は、相談援助の技術がいかに優れていても、それ自体から生まれるものではない。最後は、その人の人間性ということに行き着いてくる。なので、三つの能力を自分のものとしていく中で、自分という人間を日々高めていくことが求められており、様々な社会経験、人生経験を積み、経験を自分の中で深め、考察し昇華していくことが大切である。

Ⅱ．聖痕論

第3章　価値：社会福祉の基本的な考え方

> ●キーワード：
> リハビリテーション、ノーマライゼーション、自立、自己決定
>
> ●考えるべき課題：
> ①権利をまもるために、社会福祉は何をしなければならないのだろうか？
> ②「ふつうの暮らし」を実現するために、必要な要素は何だろうか？
> ③自立には様々な意味があるが、社会福祉が重視する自立の意味は何だろうか？

1）リハビリテーション（社会的復権）

　本章では、社会福祉を支える様々な理念の中から、三つを提示することとする。個人は社会の中で生きており、その社会での生活を支援するのが社会福祉であった。図のように、社会福祉は、個人と社会との間にたって、個人をまもるとともに、個人を社会へとつなげる。社会は社会的存在としての人を活かすとともに、個人を差別し抑圧するものでもある。例えば身近な例をあげると、駅前に置かれた放置自転車。車椅子や視覚障害のある人にとって

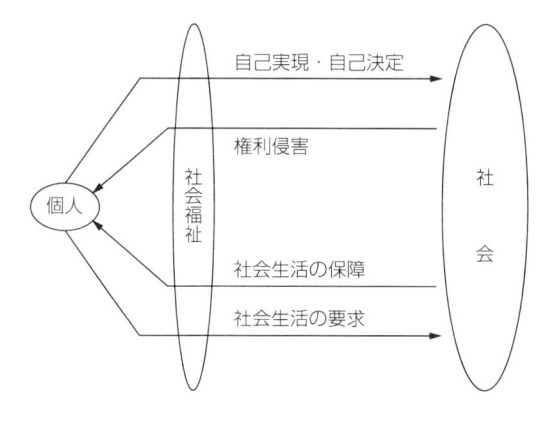

図3－1　個人と社会をつなぐ社会福祉

は、鉄道を利用するという当たり前の行為を邪魔される深刻な権利侵害である。しかし権利侵害を行っている側は往々にして、侵害を行っているという事実に気づいていない。高架の駅にエレベーターがない、路線の乗り換えには階段しかないといった駅の構造は、車椅子による移動の権利を阻害している。障害のある子どもの通学を拒否した普通学校の例、ハンディのある人への理解に欠ける法律や条例など、社会には様々な権利侵害や差別が見られる。そうした社会から個人の権利をまもるところに社会福祉の意義がある。

　リハビリテーションという言葉を聞くと、身体的な訓練を行い、身体的な機能回復を図るというイメージが浮かぶであろう。それもリハビリテーションの一部ではあるが、リハビリテーションにはもっと広い意味がある。日本語に訳すと社会的復権という言葉になる。社会的復権という言葉には二つの特徴がある。一つは、社会という言葉である。個人の身体の問題にとどまらず、社会の中で生きる人間の回復という意味を持っている。そのことは、個人の努力だけではなく、社会の側の努力、社会の側の責任を求めている。もう一つは復権という言葉である。これは権利を復活させるという意味になる。このことは、もともと人は権利を持っている権利主体であるが、その権利が社会の中で侵されている、従ってその侵されている権利を復活させるという意味になる。弱い人間、よくいわれる「社会的弱者」をまもるということではない。「社会的弱者」という言葉は、もともと弱い人をまもるという文脈が見て取れる。もともと弱いということで、社会の側の責任を見えなくしている言葉である。もともと弱いわけではない。社会によってもともと持っている強さを奪われ、弱い立場に置かれてしまっているだけである。そうした人々の権利を復活させ、持っている強さを発揮できるようにすることが、権利をまもるということである。

　それでは社会的復権のためには、社会福祉は何をすればよいのだろうか。社会の中での権利ということからすれば、社会の側への働きかけ、声をあげにくい人々の思いを代弁し、社会に訴え、社会を変えていくということになる。その出発点は気づきである。社会福祉に関わる人々、これから社会福祉に関わろうとする人々、そして社会を構成するすべての人々、まずはどのよ

うな人々が存在し、どのような課題を背負わされ、どのように生きているのか、そのことに気づくことが出発点である。例えば、国内に数十例しかないような希少の難病の患者たちがいる。こうした人々の存在に、社会の人々は気づいているだろうか。知らなければ何も変わらない。差別や権利侵害を受けるのは、社会の中での少数派＝マイノリティである。そしてマイノリティの声は、少数であるが故に社会にはなかなか届かない。社会福祉は、そうした声を拾い、社会の人々が気づき、関心を持つように届けていくことを使命としている。社会福祉が対象とする社会生活は、すべての人が自らの経験として生きてきたそのものでもある。なので、自分の経験の範囲で物事を見てしまうことになりがちである。自分が経験しなかったこと、自分が見てこなかったことにはなかなか気づかない。社会福祉をこれから学ぶ人は、ぜひ自分の経験の範囲を超えて、社会の中には様々な人々が存在していることに、関心を払い、気づいていって欲しい。気づきの次の段階は寄り添うことである。少数派の立場に置かれることにより、社会から孤立してしまうことが多い。社会福祉専門職は、権利を侵害され孤立している人々に対し、何か指導や教育を行うのではなく、まずは寄り添う姿勢が求められる。そのことによって、社会福祉専門職はその人にとっての社会との接点となる。社会福祉専門職を通じての支援によって、その人と社会とがつながっていくのである。気づき、寄り添う次の段階は、社会に対して訴えることである。社会福祉の重要な機能にアドボカシー（代弁）の機能がある。これは声をあげにくい人々の声を、代弁し、社会に届けていく機能である。個々の事例として、あるいは調査などの形で実態を整理し、明らかにして社会へ訴えかけていくことである。社会への訴えは、それほど簡単なことではない。社会が多数派によって構成されている以上、社会は常に弱いとされるものを抑圧することで、多数派の力を維持しようという権力構造を持っている。実際に少数の困難を抱える人々を支援するためには、国や自治体による予算措置による施策・制度が必要になる。行政や議会が認めなければ予算を確保することはできない。基本的に少数派の意見は無視されがちである。従って、訴えることは、戦うことにもつながる。支援と戦うこととはずいぶん距離のあることの

ように思われるかもしれないが、現実問題としてはそうではない。例えば自
治体が1億円のお金を市民全員が利用できる公共施設に使うのか、障害のあ
る子ども数十人が利用する施設に使うのか、という選択になるのである。市
民に訴えることとともに、意思決定を行う自治体の議会に対して、どのよう
に働きかけるのか、まさに戦いの側面を持っている。社会福祉は何もしなけ
れば何も生まれない。現在存在している様々な制度や事業は、何も自然に出
来たわけではなく、当事者やその支援者たちの長い激しい運動の成果でもあ
る。存在しない制度や事業を作るには、市民・議会・行政への働きかけ、具
体的には署名活動や請願活動をしなければならない。社会福祉ではこうした
働きかけをソーシャル・アクションと呼んでいる。ソーシャル・アクション
も社会福祉の重要な機能であり、社会的復権、権利をまもるということは、
ともに戦う強い意思も要請される。

2）ノーマライゼーション

　続いてノーマライゼーションの理念についてである。ノーマライゼーショ
ンは1950年代に北欧の国々から始まった社会福祉の重要な理念である。障害
のあるなしに関わらず、共に社会の一員として、普通に社会の中で共に暮ら
していくことが正常な社会であるという考え方である。ノーマル＝正常とい
う言葉が入っているが、決して、障害のある人間が努力して、「健常」に近
づくということではない。ノーマライゼーションが主張されるのには歴史的
な背景がある。日本の戦後の社会福祉の歩みを振り返っても同様だが、社会
福祉は高齢者や障害者といったハンディのある人々を、家庭や地域といった
社会から切り離し、社会から隔絶された「施設」に収容してきたという歴史
を持っている。ハンディがあることによって、「普通の暮らし」が奪われて
きたのである。それでは「普通の暮らし」にとって必要なものは何であろう
か。ノーマライゼーションに関しては、様々なことが主張されているが、こ
こでは4点をあげておきたい。
　普通の暮らしは社会の中で実現される。社会から隔絶し、社会から孤立し

ての普通の暮らしはない。社会生活の支援という社会福祉の役割とノーマラ
イゼーションの理念とをクロスさせた時、社会生活が送れるということが最
大の条件となる。社会生活とは何かといえば、先に岡村重夫の理論を紹介し
たように、社会生活上の7つの要求が充たされるということになる。もう少
し具体的に考えてみよう。仕事をしていく上で欠かせないものに「手帳」が
ある。手帳は何から構成されているか。大きく分けて、「スケジュール」「ア
ドレス帳」であろう。スケジュールとはこれからどのような予定が入ってい
て、何をしないといけないのかを表している。アドレス帳は、関係のある
人々とのつながりを表している。この二つに表れているように、社会で生活
するとは、この先にやるべきことがある、出かけていく予定があることであ
り、つながって連絡をとりあうべき人々がいることが前提である。社会生活
の支援とは何も難しいことではなく、手帳を一緒に作っていく作業である。
予定を一緒に埋めていくこと、つながる人を増やしていくことである。

　次にこのスケジュールに関係するが、1日、1週、1月、1年を感じなが
ら生きるということである。1日、朝、昼、夜、それぞれの時間を感じて生
きることができているか。例えば日中はどこかに出かけて、夜に帰ってきて
寝る、そうしたサイクルになっているか。毎日が同じ日々とはなっていない
か。普通の暮らしでは、土日は意識されているだろう。毎週が同じ日々では
ないか、1年の季節を感じて暮らせているか。日々のうつろい、今日と明日
は違う、そうした日々の「違い」を意識して生活できているかということで
ある。施設の中で隔離され、施設から外に出ることのない暮らしでは、極端
な話、日々の違いを意識することは難しいであろう。次いで、様々な人々と
ともに暮らせていること。高齢者の施設であれば、そこに住んでいる人は基
本的に高齢者のみとなる。障害者の施設であっても同様。それは普通の暮ら
しと呼べるのだろうか。一つの町を考えてみると、高齢者だけが住んでいる
町というのは考えにくい。そこには子どももいれば、大人もいる。高齢者も
いれば、障害者もいる。それが当たり前の暮らしの場である。もちろん、性
別の話もある。男性もいれば女性もいる。それが当然である。同じ属性の人
たちだけが集まった暮らしというのは普通の暮らしとは呼べない。

最後に、やはり家庭や地域を感じることができているかということである。家庭や地域は人が暮らしていくに際しての基本的な領域＝場である。人とのつながりの基本は家庭や地域でのつながりである。家庭からハンディのある人を取り出して、施設に収容するという社会福祉の歴史、地域の中からハンディのある人をとりだして、その人の暮らしてきた地域から離れた場所に同じような人を集めてきた社会福祉の歴史。そうした社会福祉の歴史に対する反省が、脱施設化の思想として広まっている。旧来の施設のモデルは病院であった。病院は、同じような病気を持った人が集まり、家庭や地域から隔絶された場である。そこは生活の場ではなく、基本的には治療の場である。生活の場である限りは、家庭や地域での人間関係がとぎれることなく、家庭や地域で暮らしているという実感を持ちつつ生活できていることが条件となる。

3）自立

　地域で当たり前に暮らすという時に、よく地域での自立した生活ということがいわれる。この自立した生活とは何か。対極にある収容施設での生活は、一言でいえば「管理された生活」である。何をするのか、いつするのか、どのようにするのか、を誰かに決められるのではなく、自らの意思で決めることができる生活、それが自立した生活の核心となる。自立ということばは盛んに使われている。例えば生活保護法の第1条では、「この法律は、日本国憲法第二十五条に規定する理念に基き、国が生活に困窮するすべての国民に対し、その困窮の程度に応じ、必要な保護を行い、その最低限度の生活を保障するとともに、その自立を助長することを目的とする。」とし、自立がその目的となっている。身体障害者福祉法の第1条も、「この法律は、障害者の日常生活及び社会生活を総合的に支援するための法律（平成十七年法律第百二十三号）と相まつて、身体障害者の自立と社会経済活動への参加を促進するため、身体障害者を援助し、及び必要に応じて保護し、もつて身体障害者の福祉の増進を図ることを目的とする。」と自立の促進がうたわれている。

　一般に自立は「経済的自立」と「身体的自立」の意味で広く使われている。経済的自立とは、自分で稼いで自分で生活するという意味で、いわば「職業的自立＝自活」を意味する。身体的自立とは、自分の身の回りのことは自分でできるという意味である。経済的自立、身体的自立、いずれにおいても、自分のことは自分でできること、他人の世話にならずに暮らせることを意味している。しかし、こうした自立の考え方のもとでは、例えば重度の障害のある人々は「自立」できないこととなる。自分で生活するだけのお金を自ら稼ぐことができない、あるいは重度の身体障害があるので自分で入浴や食事ができない、ということであれば、永遠に「自立」できないこととなってしまう。先ほどのノーマライゼーションでの話と重なり、そうした「自立」できない人は、保護しないといけないということで、隔離された施設に保護、収容されるという歴史が続いていたのである。1960年代にアメリカで始まった自立生活運動は、こうした伝統的な自立に対する見方を否定するものであった。経済的、身体的に自立できていなくても、つまり経済的、身体的に他人の手を借りていても、自立は可能であり、いや他人の手を借りる、支援を受けることによってこそ、自立は可能になるという、自立の考え方の転換であった。有名な言葉に、「他人の助けを借りて15分かかって衣類を着て、仕事に出かけられる人間は、自分で衣類を着るのに2時間かかるため家にいるほかない人間より自立している。」というものがある。身体的自立の考え方からすれば、他人の助けを借りて衣類を着る人間は自立していなくて、時間がかかっても自分で衣類を着れる人間は自立していることになる。しかし、ここでは、「出かけられる－家にいる」の軸が強調されている。この新しい自立の考え方の基礎となっているのは、自己決定という考え方である。自己決定を行うことを自立ととらえている。自己決定が行えず、管理保護される収容施設での生活は自立した生活ではない。自己決定を自立ととらえれば、自分自身がどのような生活を送るのか、どのような人生を送るのかを自らが決定することとなり、そのためには積極的に介助などの支援を使うということになる。決定するということは選択するということでもある。自分の責任で、複数の選択肢から選び取るという行為である。保護されることにより、

選択するという行為を侵害されてきた障害者福祉の歴史がある。経済的、身体的ではなく、自己決定としての自立は、自らの意思で、自らの生き方を選び取るという人間としての生き方を表している。しかし、何も人生といった大きな選択だけが自己決定ではない。自己決定は日々の積み重ねであり、例えば今日どこに出かけるのか、何を食べるのか、日常の行為の中で自己決定が尊重されることの延長線上に、生き方を決める自己決定がある。自己決定を重視する考え方は、専門職が決めるのではなく、当事者である自分たちが決めるということで、当事者主権という考え方につながる。また、介護保険の要介護認定のように、専門的に何ができて、何ができないということから人間を判定する考え方に対してのアンチテーゼともなる。もちろん、社会福祉での自立は、自己決定という考え方とはいいつつも、経済的自立や身体的自立の考え方は社会福祉分野の制度として現にあり、根強い力を持っている。自立をめぐる考え方の違いは、常に、自己決定としての自立を主張していなければ、伝統的な自立観に飲み込まれてしまうという中での日々の実践という側面を持っていることを忘れてはならない。

第4章　社会福祉の歴史

> ●キーワード：
> 　社会事業、社会福祉六法、日本型福祉社会論、福祉関係八法改正、社会福祉
> 　基礎構造改革、措置から契約へ
>
> ●考えるべき課題：
> 　①社会事業はどのような背景のもとで成立したのか？
> 　②戦後の社会福祉の拡大が見直された背景とはどのようなものだったのか？
> 　③「今後の社会福祉の在り方について」から福祉関係八法改正の趣旨はどの
> 　　ようなものだったのか？
> 　④社会福祉基礎構造改革とは何をどのように改革するものだったのか？

1）社会事業の成立と展開

　歴史的な流れで行くと、明治・大正時代に慈善事業があり、大正時代の終わりから昭和の初めにかけて社会事業が成立し、戦時体制に入る中で厚生事業へと転換したということになる。慈善事業は、個人的、宗教的な動機によって貧しい人々などを救うという意図のもとになされる活動であり、その救済は受ける側にとって権利として享受されるものでもないし、対等な関係でもなく、いわば持てるものが、持たざるものを個人的に助けるという文脈でなされるものであった。しかし、明治も年が進むにつれ産業革命が進行し、社会問題が目に見えるようになってくる。資本主義の発達は自らの労働力を売ることによってしか生活のできない労働者を生みだし、その過程で貧富の差を拡大させる。第一次世界大戦による好景気の中、物価は高騰し、1918年富山県魚津の女性たちの行動に端を発した米騒動は全国へと広がりをみせた。こうした国民の不満の高まりの中、当時力を持ちつつあった社会主義思想の拡大を恐れた政府は、反政府運動を抑えるとともに、社会事業に着手することとなる。具体的には、公設市場、公益質屋などの経済保護事業、公営職業紹介所の開設などの失業保護事業、感化教育を行う国立武蔵野学院の開

設などの児童保護事業などが始まることとなる。現在の民生委員制度の元と
なった方面委員制度もこの時期に始まり、民間のセツルメント運動も活発に
なる。

　1927年の金融恐慌から1929年の世界大恐慌、大凶作という時代の中、従来
の恤救規則では貧困者への対応ができず、1929年に救護法が制定されるに至
る（実施は1932年）。救護法では、対象者を65歳以上の老衰者、13歳以下の
幼者、妊産婦、不具廃疾・疾病・傷痍その他精神又は身体の障害により労務
を行うに故障ある者で、貧困のため生活することができない者としている。
救護の種類としては、生活扶助、医療扶助、助産扶助、生業扶助があり、居
宅での保護を基本としていたが、養老院や孤児院などの救護施設も設けられ
ていた。救護法は恤救規則と違って、貧困の為生活できないときは本法によ
りこれを救護すると国家の責任をあげている点において画期的ではあるが、
保護の対象はあくまで労働能力のないものに限定されているなどの問題を有
していた。

　1937年より日中戦争が始まり、1941年の太平洋戦争開始など、日本は戦争
の時代へと突入していく。戦時体制への突入は、国家をあげて戦争に遂行す
るためには健康な労働力や兵士が求められるということで、健民健兵政策が
展開される。厚生省が設置されたのもこの頃である。

2）戦後社会福祉の展開

　1945年の敗戦により、日本は戦後の新しい出発を迎える。日本は占領
下におかれ、GHQ（General Headquarters：連合国軍最高司令官総司令
部）主導による民主化政策が展開される。GHQから社会救済に関する覚書
（SCAPIN775）が政府に示され、これに基づいて1946年に生活保護法が制定
される（この法律は、1950年に廃止され、日本国憲法第25条に基づいた現在
の生活保護法が制定される）。戦災孤児や戦争による傷痍者などへの対応か
ら、1947年に児童福祉法、1949年に身体障害者福祉法が制定される。これら
三法の事業を規定するためのものとして、1951年に社会福祉事業法（現在の

社会福祉法）が制定される。

　1950年には社会保障制度審議会が有名な「社会保障制度に関する勧告」を行っている。社会保障はそこで、「疾病、負傷、分娩、廃疾、死亡、老齢、失業、多子その他困窮の原因に対し、保険的方法又は直接公の負担において経済保障の途を講じ、生活困窮に陥った者に対しては、国家扶助によって最低限度の生活を保障するとともに、公衆衛生及び社会福祉の向上を図り、もってすべての国民が文化的社会の成員たるに値する生活を営むことができるようにすることをいう」と定義され、社会福祉は、「国家扶助の適用をうけている者、身体障害者、児童、その他援護育成を要する者が、自立してその能力を発揮できるよう、必要な生活指導、更生補導、その他の援護育成を行うことをいう」と定義されている。ここでは、社会福祉はすべての国民を対象にするというよりも、特別な事情により支援が必要なものと選別的にとらえられており、この定義は長く社会福祉の基本的なとらえ方となっていた。

　1950年代半ばより、日本は高度経済成長に突入する。生産の拡大、所得の向上の中、国民は豊かさを享受していく。しかし一方で、社会構造は大きく変化し、核家族世帯の増加、地域社会の崩壊、高齢化、公害問題など社会問題も拡大していく。1958年には国民健康保険法が成立、1961年には国民年金法が完全実施され、すべての国民が医療保険、年金に加入するという国民皆保険・皆年金が実現する。社会福祉の対象も拡大していき、1960年には精神薄弱者福祉法（現在の知的障害者福祉法）、1963年には老人福祉法、1964年には母子福祉法（現在の母子及び父子並びに寡婦福祉法）と、それまでの三法と併せて、福祉六法体制が確立する。

　1971年には児童手当法が制定され、形としては社会保障制度が整うこととなる。1973年は福祉元年と呼ばれ、活力ある福祉社会の建設がうたわれたが、同年、第一次オイルショックが発生し、高度経済成長は終焉を告げ、低成長の時代へと突入することとなる。高度経済成長の終焉は、経済の拡大によりパイが拡大し、その拡大されたパイを社会保障・社会福祉という形で国民に分配するという時代の終わりを意味している。日本経済を維持していくため

には、社会福祉の伸びを抑制し、財政運営をしていかなければならないということから、福祉見直しが盛んに主張されるようになる。これまで、西欧の福祉国家を目標とし、追いつくことを目指して社会福祉を拡大してきたわけであるが、すでに十分に社会福祉は拡大した、また充実した社会福祉は経済にとってマイナスでもあると、目標であった西欧福祉国家に代わって、日本型福祉社会論が提唱されるようになる。ここでは、個人の自助努力や家族・親族での相互扶助が強調され、社会福祉を広く展開する大きな政府から、効率的な政府への転換が求められた。

3）社会福祉改革の展開

　福祉見直し、小さな政府への志向のもと、停滞していた社会福祉は平成に入り、大きな改革へと進み出す。まずは1989年に福祉関係三審議会合同企画分科会の意見具申として「今後の社会福祉の在り方について」が出される。ここでは、「市町村主体による施策の重視」「在宅福祉の充実」「民間サービスの育成」「福祉、医療、保健の連携強化」「福祉の担い手の養成と人材確保」「サービスの総合化・効率化」が求められ、この意見具申を受けて、1990年に老人福祉法等の一部を改正する法律が制定され、いわゆる八法改正（老人福祉法、身体障害者福祉法、知的障害者福祉法、児童福祉法、母子及び寡婦福祉法、社会福祉事業法、老人保健法、社会福祉・医療事業団法）が行われた。この法改正により、市町村の権限拡大や自治体による福祉計画の策定義務化、在宅福祉サービスの整備など、市町村を主体として在宅福祉を推進するという方向に、大きく舵がきられることとなった。

　計画的な福祉行政の推進も図られ、高齢者分野では1989年に「高齢者保健福祉推進10か年戦略（ゴールドプラン）」、児童分野では1994年に「今後の子育て支援のための施策の基本的方向について（エンゼルプラン）」、障害者分野では1995年に「障害者プラン（ノーマライゼーション7か年戦略）」が策定された。

　次なる改革は措置から契約への改革である。

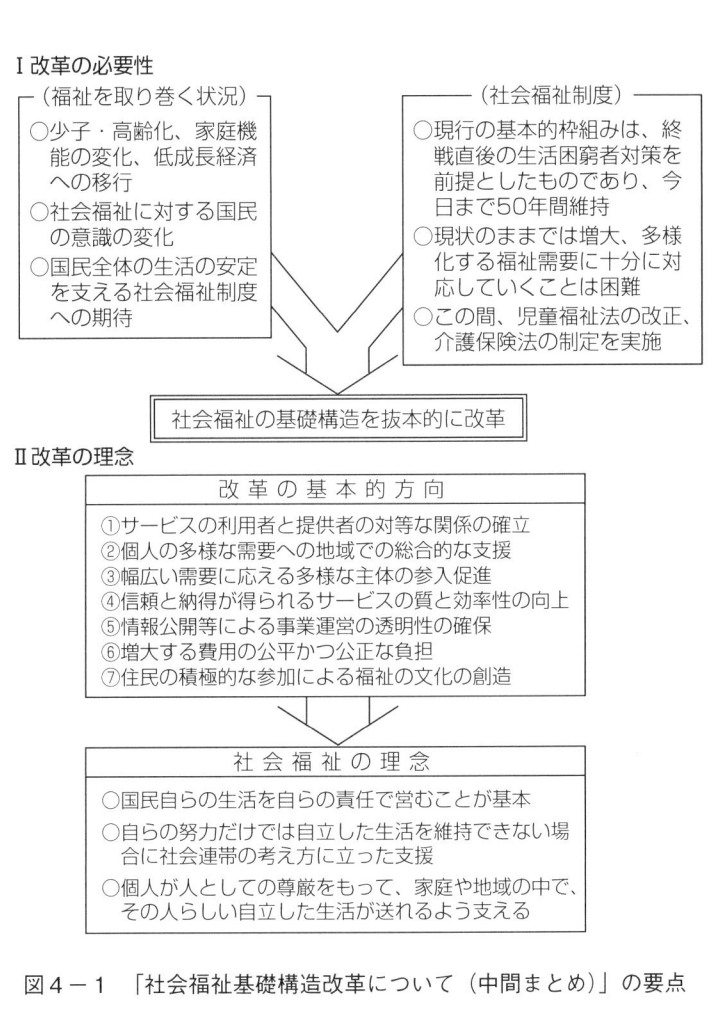

Ⅰ改革の必要性

（福祉を取り巻く状況）
○少子・高齢化、家庭機能の変化、低成長経済への移行
○社会福祉に対する国民の意識の変化
○国民全体の生活の安定を支える社会福祉制度への期待

（社会福祉制度）
○現行の基本的枠組みは、終戦直後の生活困窮者対策を前提としたものであり、今日まで50年間維持
○現状のままでは増大、多様化する福祉需要に十分に対応していくことは困難
○この間、児童福祉法の改正、介護保険法の制定を実施

社会福祉の基礎構造を抜本的に改革

Ⅱ改革の理念

改 革 の 基 本 的 方 向
①サービスの利用者と提供者の対等な関係の確立
②個人の多様な需要への地域での総合的な支援
③幅広い需要に応える多様な主体の参入促進
④信頼と納得が得られるサービスの質と効率性の向上
⑤情報公開等による事業運営の透明性の確保
⑥増大する費用の公平かつ公正な負担
⑦住民の積極的な参加による福祉の文化の創造

社 会 福 祉 の 理 念
○国民自らの生活を自らの責任で営むことが基本
○自らの努力だけでは自立した生活を維持できない場合に社会連帯の考え方に立った支援
○個人が人としての尊厳をもって、家庭や地域の中で、その人らしい自立した生活が送れるよう支える

図4－1　「社会福祉基礎構造改革について（中間まとめ）」の要点

厚生労働省 web サイト

http://www1.mhlw.go.jp/houdou/1006/h0617-1.html

（2019年11月５日アクセス）

　1998年に「社会福祉基礎構造改革について（中間まとめ）」が出された。改革の基本的方向として、「サービスの利用者と提供者との対等な関係の確

立」「地域での総合的な支援」「多様なサービス提供主体の参入促進」「事業
運営の透明性の確保」「公平・公正な受益者負担」「住民参加による福祉文化
の創造」などが主張された。従来の措置制度では利用者はサービスを選択す
ることができず、行政とサービス提供者の措置委託 – 受託の結果、サービス
の提供を受けるという形になっているという点が批判され、利用者とサービ
ス提供者が対等な立場で契約することの重要性が指摘された。また幅広い需
要に応えるためには、多様なサービス提供主体の参入が必要と、行政や社会
福祉法人以外のサービス提供主体の参入の促進が指摘され、増大する需要に

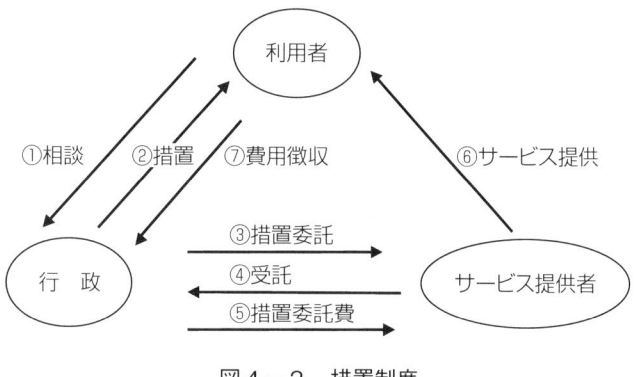

図4－2　措置制度

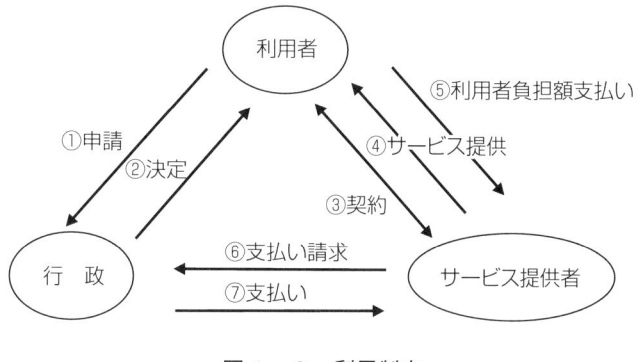

図4－3　利用制度

対応する費用については、適切に受益者にも負担を求めることが確認された。こうした社会福祉基礎構造改革の流れに沿って、2000年に「社会福祉の増進のための社会福祉事業法等の一部を改正する等の法律」が制定された。社会福祉事業法が改正され誕生した社会福祉法では、「福祉サービスは、個人の尊厳の保持を旨とし、その内容は、福祉サービスの利用者が心身ともに健やかに育成され、又はその有する能力に応じ自立した日常生活を営むことができるように支援するものとして、良質かつ適切なものでなければならない。」（第 3 条）、「地域住民、社会福祉を目的とする事業を経営する者及び社会福祉に関する活動を行う者は、相互に協力し、福祉サービスを必要とする地域住民が地域社会を構成する一員として日常生活を営み、社会、経済、文化その他あらゆる分野の活動に参加する機会が与えられるように、地域福祉の推進に努めなければならない。」（第 4 条）と、個人の尊厳、自立、地域福祉の推進などが理念としてうたわれている。

　措置から契約への流れにより、1997年に児童福祉法改正（保育所入所方式の変更など）、2000年からの介護保険法の施行、2003年からの障害者の支援費制度の施行、がはかられた。介護保険法は幾度もの改正が行われており、障害者の支援費制度は、財政的問題などから、利用者の原則一割負担を求める障害者自立支援法に2006年より改められた。

第5章　社会福祉の体系

●キーワード：

　社会福祉実践、社会福祉の対象、社会福祉の各論、社会福祉法、社会福祉六法

●考えるべき課題：

　①社会福祉実践にはどのようなものがあるのか？

　②社会福祉の対象には理論的にどのようなものがあるのか？

　③社会福祉の分野を理論的に分ける三つの分け方とはどのようなものか？

　④第1種社会福祉事業と第2種社会福祉事業にはどのようなものがあるのか？

　⑤社会福祉六法とは何か？

1）社会福祉の構造

　ここでは少し難しい話となるが、社会福祉とは何であり、何を対象にどのような役割を果たすものなのか、そしてどのような分野があるのかを、理論的な立場から考えていきたい。

　まず、社会福祉は当然、社会福祉学という学問にのっとったものであり、学問いわば理論という側面がある。しかし、社会福祉学は単に学問のための学問ではない。現実社会の中で営まれている社会福祉は、まさに実践である。そして社会福祉の学問は、究極的にはこの実践に役立つものでなければならない。社会福祉は実践のための学問である、というところに最大の特徴がある。もちろん、役に立つということは、すぐにという部分と、広い深い意味でという部分とがある。社会福祉の理論研究なり、歴史研究なりが、すぐに目の前の具体的な事例に役に立つかといえばそうではないだろう。しかし、そうした研究の積み重ねが具体的な実践の在り方の指針となっていくことを通して、結果として実践に役立つものとなるのである。まず、社会福祉は、理論としての「社会福祉論」と、実践としての「社会福祉実践」から成ることを確認したい。

　次に社会福祉実践についてである。この本の始めに事例を紹介したが、実践というのは究極的にはこうした事例のような問題を解決するものである。その意味では、具体的な場面において、社会福祉専門職なりが事例に関わる部分を実践と呼ぶことが多く、社会福祉の政策については、実践から排除する場合が多い。ここでいう政策とは、具体的な法律に基づく制度のことを指しているのではなく、社会的な問題が発生していれば、その問題を解決するために、法律なりを作って、対応の仕組みを整え、その問題を解決しようという営みであり、その役割を担うのはポリシーメーカー（政策立案者）と呼ばれる官僚その他の人々ということになる。例えば、高齢化が進行して、家族だけでは介護がやりきれないという社会的な課題があり、その課題を解決するために、介護保険という仕組みを作るというような営みのことである。介護保険法とか、介護保険の制度というのは、そうした政策による課題解決の営みを実現するための手段ということになる。さて、こうした政策も、本書では社会福祉の実践の中に含めることとする。先に紹介した岡村重夫の理論では、原則的には政策は社会福祉には含まれていない。個人と社会との社会関係には個人の側に立つ主体的側面と、社会の側に立つ客体的側面があり、個人の側に立って、社会関係に関わる問題を解決する、つまり主体的側面に立つところに社会福祉の固有の立場があるということになっている。しかし、政策が問題としてとらえるのも、先に紹介したような事例の積み重ねである。事例を積み重ねることによって、個人の側、主体的側面の側の事情が失われ、一般論になってしまうのはその通りであるが、単に現金を支給するだけではなく、人に対するサービスを供給する仕組みづくりとなっている現在の社会福祉政策では、具体的な事例への想像力が何よりも求められている。そこで、本書では、社会福祉実践は、具体的に事例に関わる「個別的社会福祉実践」と「社会福祉政策」から成るものと理解しておく。

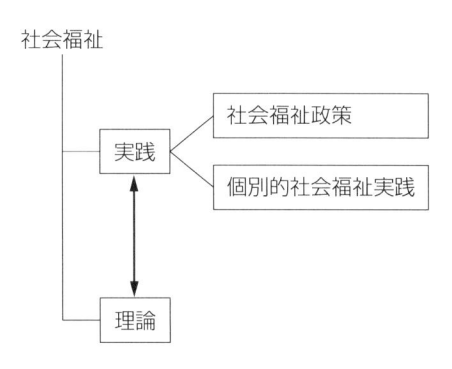

図5－1　社会福祉の理論と実践

次に、社会福祉が社会関係に関わるとして、具体的には何を対象にするのだろう。ここでは、岡村重夫の論に沿って、社会福祉の対象を三つとする。まずは、「社会関係の不調和」である。岡村はこう述べている。「われわれの現実の生活が可能なのは、われわれ自身のもつ多数の社会関係、すなわち社会制度から要求される社会的役割が互いに矛盾することなく、均衡を保持するように個人が工夫し、選択するからである。」（岡村 1968：146）。例えば育児と仕事との両立ということをイメージしてみよう。ここでは、仕事という職業人としての役割と、育児という家庭での親という役割を同じ人間が、併せ持っていることになる。そして、その時間的な調整が大変であり、肉体的、精神的な負担が大きいということになる。二つの社会的役割を個人の中で調整して生活していくことが大変なのである。そこで、このような様々な社会的役割を持っている個人を全体として把握し、その個人の立場に立って、様々な役割を調整できるように支援することが、社会福祉の役割となる。

次に「社会関係の欠損」である。「社会関係の不調和」は様々な社会関係間の調整の話であったが、これは社会との関係が切れる、社会的役割を果たすことができないということである。例えば病院に通うということも、患者という社会的役割を果たすことである。しかしお金が払えなくて病院に通う

ことができなければ、その役割を果たすことができない。あるいは身体障害によって、通院が独力ではできないのであれば、通院のサポートがなければ病院に通うことはできない。このように病院に通うことができないことによって、社会関係は切れてしまうということになる。こうした個人と社会との社会関係の絆をつなげることが社会福祉の役割となるのである。

　最後に「社会制度の欠陥」である。「社会制度の欠陥」は本来政策が対応すべき問題である。岡村の論では、政策が対応すべき問題ではあるが、目の前の事例に責任を持たなければいけない社会福祉の立場とすれば、政策が現実的に効果を発揮するまでは代替的に社会福祉が暫定的・経過的にその役割を担うとなっている。本書の立場では、社会福祉政策も社会福祉の中に含めているので、この役割も社会福祉の本来的な役割ということになる。例えば、医療的な対応が常時必要な重度の障害児が学校に通うことができないといった事例がある。通学自体には問題はないが、在校時の医療的な対応が法的に看護師（医師）しかできず、その看護師が学校には配置できていないという問題である。これは制度の問題である。看護師が配置されておれば、学校に通うことができる。看護師の配置となれば、行政の役割として予算措置をしてとか、事業を立ち上げてとかのような話となる。このような政策対応を行うことによって、個人と学校という社会との社会関係がつながるのである。

　次に社会福祉の分野だが、ここでは具体的な実践分野ではなく、理論としての社会福祉論の分野、社会福祉の各論の構成という視点で説明したい。まずは、どのような人々を対象とするのかによって、分野を分けることができる。法律の体系もこれに沿った形になっていて、具体的には、高齢者福祉、児童福祉、障害者福祉といった分野分けとなる。次に、これまで個人と社会との社会関係という図式を何度も使ってきたが、個人は孤立したものではなく、家族や地域といった生活領域の中で生活しているものである。個人が社会とつながるといった場合、例えば病院や学校というようなものは個人の外側に置くことができる。しかし、家族や地域というのは、個人がその一員として属する形で生活を営む基礎的な生活領域である。このような生活領域に着目すると、家族福祉、地域福祉といった分野分けができる。最後に、個人

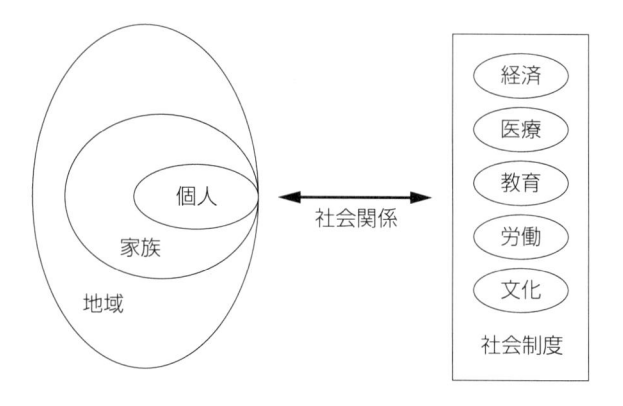

各論の3つのレベル

　①対象者別の各論＝高齢者福祉、児童福祉等
　②生活領域別の各論＝家族福祉、地域福祉
　③制度別の各論＝医療福祉、教育福祉等

図5－2　社会福祉の各論構成

と社会との社会関係でいうと、個人の外側にある様々な社会制度に沿って分野を分けることができる。例えば、教育制度に関わる分野として教育福祉、医療制度に関わる分野として医療福祉といった分野分けである。社会福祉の理論的な分類、各論の構成は、このように、対象者別、生活領域別、制度別の三つのレベルから成り立っており、図式化すると図5－2のようになる。

２）社会福祉の法

　具体的に社会福祉を運用していく際の枠組みとなる法律だが、様々なものがある。それらのベースになっているのは、当然日本国憲法であり、先に見たように第25条の生存権の条文が中心である。
　・日本国憲法
　　第25条　すべて国民は、健康で文化的な最低限度の生活を営む権利を有する。

　　2　国は、すべての生活部面について、社会福祉、社会保障及び公衆衛生の
　　　　向上及び増進に努めなければならない。

加えて、第13条の幸福追求権、第14条の平等権もベースとなる。

　　第13条　すべて国民は、個人として尊重される。生命、自由及び幸福追求に
　　　　対する国民の権利については、公共の福祉に反しない限り、立法その他の
　　　　国政の上で、最大の尊重を必要とする。
　　第14条　すべて国民は、法の下に平等であつて、人種、信条、性別、社会的
　　　　身分又は門地により、政治的、経済的又は社会的関係において、差別され
　　　　ない。
　　2　華族その他の貴族の制度は、これを認めない。
　　3　栄誉、勲章その他の栄典の授与は、いかなる特権も伴はない。栄典の授
　　　　与は、現にこれを有し、又は将来これを受ける者の一代に限り、その効
　　　　力を有する。

社会福祉法は、従来の社会福祉事業法を2000年に改正してできたものであ
り、社会福祉事業の共通的基本事項を定めている。

・社会福祉法
　　第1条　この法律は、社会福祉を目的とする事業の全分野における共通的基
　　　　本事項を定め、社会福祉を目的とする他の法律と相まつて、福祉サービス
　　　　の利用者の利益の保護及び地域における社会福祉（以下「地域福祉」という。）
　　　　の推進を図るとともに、社会福祉事業の公明かつ適正な実施の確保及び社
　　　　会福祉を目的とする事業の健全な発達を図り、もつて社会福祉の増進に資
　　　　することを目的とする。

社会福祉法でいう社会福祉事業とは、第1種社会福祉事業と第2種社会福
祉事業に分かれている。第1種社会福祉事業とは、利用者への影響が大きい

表5−1　第1種・第2種　社会福祉事業

第1種　社会福祉事業	第2種　社会福祉事業
・生活保護法に規定する救護施設、更生施設 ・生計困難者を無料または低額な料金で入所させて生活の扶助を行う施設 ・生計困難者に対して助葬を行う事業 ・児童福祉法に規定する乳児院、母子生活支援施設、児童養護施設、障害児入所施設、児童心理治療施設、児童自立支援施設 ・老人福祉法に規定する養護老人ホーム、特別養護老人ホーム、軽費老人ホーム ・障害者総合支援法に規定する障害者支援施設 ・売春防止法に規定する婦人保護施設 ・授産施設 ・生計困難者に無利子または低利で資金を融通する事業 ・共同募金を行う事業	・生計困難者に対して日常生活必需品・金銭を与える事業 ・生計困難者生活相談事業 ・生活困窮者自立支援法に規定する認定生活困窮者就労訓練事業 ・児童福祉法に規定する障害児通所支援事業、障害児相談支援事業、児童自立生活援助事業、放課後児童健全育成事業、子育て短期支援事業、乳児家庭全戸訪問事業、養育支援訪問事業、地域子育て支援拠点事業、一時預かり事業、小規模住居型児童養育事業、小規模保育事業、病児保育事業、子育て援助活動支援事業 ・児童福祉法に規定する助産施設、保育所、児童厚生施設、児童家庭支援センター ・児童福祉増進相談事業（利用者支援事業など） ・就学前の子どもに関する教育、保育等の総合的な提供の推進に関する法律に規定する幼保連携型認定こども園 ・母子及び父子並びに寡婦福祉法に規定する母子家庭日常生活支援事業、父子家庭日常生活支援事業、寡婦日常生活支援事業 ・母子及び父子並びに寡婦福祉法に規定する母子・父子福祉施設 ・老人福祉法に規定する老人居宅介護等事業、老人デイサービス事業、老人短期入所事業、小規模多機能型居宅介護事業、認知症対応型老人共同生活援助事業、複合型サービス福祉事業 ・老人福祉法に規定する老人デイサービスセンター（日帰り介護施設）、老人短期入所施設、老人福祉センター、老人介護支援センター ・障害者総合支援法に規定する障害福祉サービス事業、一般相談支援事業、特定相談支援事業、移動支援事業、地域活動支援センター、福祉ホーム ・身体障害者福祉法に規定する身体障害者生活訓練等事業、手話通訳事業又は介助犬訓練事業若しくは聴導犬訓練事業 ・身体障害者福祉法に規定する身体障害者福祉センター、補装具製作施設、盲導犬訓練施設、視聴覚障害者情報提供施設 ・身体障害者更生相談事業 ・知的障害者更生相談事業 ・生計困難者に無料または低額な料金で簡易住宅を貸し付け、または宿泊所等を利用させる事業 ・生計困難者に無料または低額な料金で診療を行う事業 ・生計困難者に無料または低額な費用で介護老人保健施設を利用させる事業 ・隣保事業 ・福祉サービス利用援助事業 ・各社会福祉事業に関する連絡 ・各社会福祉事業に関する助成

厚生労働省 web サイト

https://www.mhlw.go.jp/wp/hakusyo/kousei/17-2/dl/08.pdf

（2019年11月5日アクセス）

ため、経営安定を通じた利用者の保護の必要性が高い事業（主として入所施設サービス）であり、第2種社会福祉事業とは、比較的利用者への影響が小さいため、公的規制の必要性が低い事業（主として在宅サービス）である。第2種社会福祉事業の経営主体に制限はないが、第1種社会福祉事業の経営主体は、原則として行政と社会福祉法人に限られている。

　次に、個々の具体的なサービスの提供について定めた法律だが、一般的には社会福祉六法と呼ばれ、それぞれ対象者別の分野に分けられている。

・生活保護法
　第1条　この法律は、日本国憲法第二十五条 に規定する理念に基き、国が生活に困窮するすべての国民に対し、その困窮の程度に応じ、必要な保護を行い、その最低限度の生活を保障するとともに、その自立を助長することを目的とする。

・児童福祉法
　第1条　全て児童は、児童の権利に関する条約の精神にのつとり、適切に養育されること、その生活を保障されること、愛され、保護されること、その心身の健やかな成長及び発達並びにその自立が図られることその他の福祉を等しく保障される権利を有する。

・身体障害者福祉法
　第1条　この法律は、障害者の日常生活及び社会生活を総合的に支援するための法律と相まつて、身体障害者の自立と社会経済活動への参加を促進するため、身体障害者を援助し、及び必要に応じて保護し、もつて身体障害者の福祉の増進を図ることを目的とする。

・知的障害者福祉法

　第1条　この法律は、障害者の日常生活及び社会生活を総合的に支援するための法律と相まつて、知的障害者の自立と社会経済活動への参加を促進するため、知的障害者を援助するとともに必要な保護を行い、もつて知的障害者の福祉を図ることを目的とする。

・老人福祉法

　第1条　この法律は、老人の福祉に関する原理を明らかにするとともに、老人に対し、その心身の健康の保持及び生活の安定のために必要な措置を講じ、もつて老人の福祉を図ることを目的とする。

・母子及び父子並びに寡婦福祉法

　第1条　この法律は、母子家庭等及び寡婦の福祉に関する原理を明らかにするとともに、母子家庭等及び寡婦に対し、その生活の安定と向上のために必要な措置を講じ、もつて母子家庭等及び寡婦の福祉を図ることを目的とする。

である。なお、寡婦とは、「配偶者のない女子であつて、かつて配偶者のない女子として民法第八百七十七条の規定により児童を扶養していたことのあるもの」のことをいう。

　社会福祉専門職についての法律としては、「社会福祉士及び介護福祉士法」「精神保健福祉士法」などが、厚生労働大臣の委嘱を受け、地域住民の相談にボランタリーな形でのる民生委員は「民生委員法」で定められている。

　社会福祉六法と相まって、それぞれの分野では関連する様々な法律が整備されている。

　児童分野では、ひとり親家庭の児童などに支給される児童扶養手当を定めた「児童扶養手当法」、障害児の保護者に支給される特別児童扶養手当などを定めた「特別児童扶養手当等の支給に関する法律」、児童を養育する者に

支給される児童手当を定めた「児童手当法」などの、手当に関する法律がある。また、虐待の防止等に関して、「児童虐待の防止等に関する法律」も定められている。

　障害者分野では、障害者への施策の基本的理念を定めた「障害者基本法」がある。また、精神障害者について定めた「精神保健及び精神障害者福祉に関する法律」、発達障害者への支援を定めた「発達障害者支援法」がある。「障害者の日常生活及び社会生活を総合的に支援するための法律」は、障害児・者に対する福祉サービスなどを具体的に定めたものである。また、2012年10月施行の「障害者虐待の防止、障害者の養護者に対する支援等に関する法律」もある。

　高齢者分野では、介護サービスなどについては「介護保険法」が、医療については「高齢者の医療の確保に関する法律」があり、虐待については「高齢者虐待の防止、高齢者の養護者に対する支援等に関する法律」がある。

　その他、女性福祉に関しては、「売春防止法」「配偶者からの暴力の防止及び被害者の保護等に関する法律」が定められている。

　社会福祉は、人権政策、健康政策、教育政策、労働政策、所得保障政策、保健・医療政策、更生保護政策、住宅政策など様々な施策との強い関連を持っている。なので、こうした様々な他の社会政策の法律についての知識も必要となる。

第6章　ソーシャルワークの枠組み

> ●キーワード：
> ソーシャルワーク、直接援助技術、間接援助技術、自己覚知、ケースワーク
> の7原則、倫理綱領
>
> ●考えるべき課題：
> ①社会福祉が果たす機能にはどのようなものがあるのか？
> ②ソーシャルワークの特徴とは何か？
> ③なぜ自己覚知が重要なのか？
> ④バイステックのケースワークの7原則とは、どのようなものか？

1）社会福祉の機能

　基礎編最後の本章では、ソーシャルワークの枠組みについて整理したい。その前に社会福祉が果たす機能について理論的に整理する。機能とは、社会福祉が営まれる場面において、社会福祉はどのような役割を果たしているのかである。ここでは、評価、調整、援助（狭い意味での）、開発の4つの機能をあげる。

　まず評価の機能である。具体的に事例を前にした時の評価の機能はアセスメントということになるので、後の援助技術の中で詳細は述べることとする。社会福祉が関わる問題とは、客観的なものではない。まずはこうあるべきだというイメージがあり、そのイメージとずれていることから、ここに問題があると考えるということになる。例えば、3日に1回しかお風呂に入っていないという事例があるとする。毎日入っていないのだから問題だと感じる人もいれば、まあ3日に1回入っているのだからいいのではないか、と人によってとらえかたは違うであろう。つまり、人によって望ましい状況のイメージが違うので、問題と見るか見ないかは人によって違うのである。そういう意味では福祉の評価には価値判断がつきまとう。価値判断を排除して客観的な評価という訳にはいかないところに特徴がある。次に、社会福祉実践

は個別的実践と社会福祉政策から成り立つことから、評価にも、事例を目の前にして、アセスメントを行い必要なこと（ニード）を明らかにするという個別的ニードに関わる部分と、個別的ニードの積み重ねではあるけれども、ある面では個別性を捨て去って集合的に政策としてのアセスメントを行い必要なことを導く政策的ニードに関わる部分とがある。政策的な評価の価値判断は非常に重要であり、少数の問題でなかなか目に触れる機会が少ないとか、対象となる人が少ないので、お金や資源を導入するには割が合わないとか、政策として取り上げないという場面がありうる。大切なことは、個別的ニードが政策的ニードに反映すること、つまり具体的な事例の場面での評価の機能が、政策場面での評価の機能につながることである。

　続いて調整の機能である。社会生活上の基本的要求が様々にあり、個人は様々な社会制度と社会関係を結ぶことから、社会関係間の調整が重要になる。具体的場面においては、様々な施策やサービスを使いながらの支援となり、様々な機関や施設、専門職などとのチームの中で支援が行われるので、この調整の機能は重要である。

　援助の機能という形で援助を取り上げるのには違和感があるかもしれない。一連の社会福祉の流れそのものが援助だからである。ここでいう援助とは狭い意味での援助であり、評価を踏まえてのサービスという意味で、個別的実践においては介入という言葉の方が適切かも知れない。狭いこの援助の中には、介護サービスなどの対人援助のケアサービスや金銭援助などのサービスといった物理的な援助、カウンセリングや治療的行為などの心理的な援助が含まれる。

　最後の開発機能だが、そもそもサービスがなければどうしようもなく、評価、調整、援助の機能も発揮できない。開発機能とは制度やサービスを生み出す機能であり、多くは政策の果たす役割ということになる。政策的評価に基づいて、制度やサービスが生み出され、具体的な援助に使用される。また、政策以外でも地域やボランタリーな部分で生み出されるインフォーマルなサービスもある。大切なのは生み出される制度やサービスが実態とあっているかであって、この点において評価機能とのキャッチボールが重要となる。

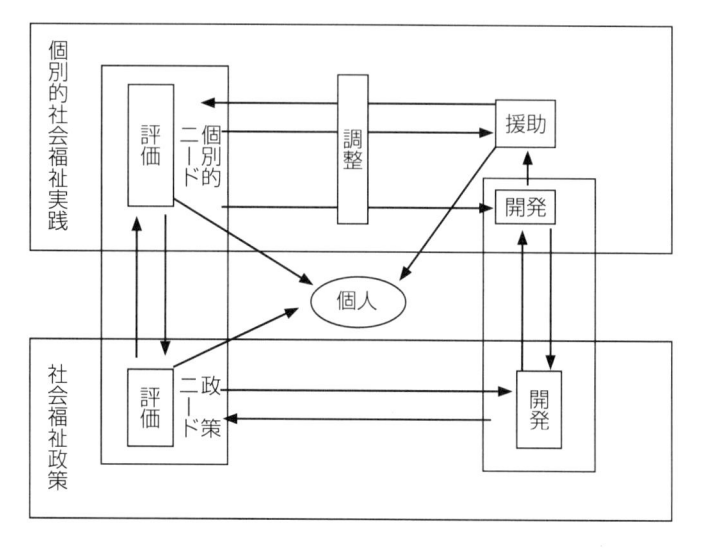

図6-1　社会福祉の機能

2）ソーシャルワークの特徴

　社会福祉援助には心理的支援から政策まで幅広く含まれる。心理的支援は個人の内面に関わる比重が多く、政策は個人をひとまとめにして集団という形で関わる（例えば高齢者の介護問題に対する政策は、個々の高齢者の事情を問題にするのではなく、介護を必要とする高齢者という集団を設定して、そこに働きかける）ことになる。従って援助の方法も、非常に幅広いものとなり、社会福祉に固有の援助の技術ということではなくなる。カウンセリングに近くなれば、心理学の技術に近づくこととなるし、政策となれば、経済政策や労働政策など他の政策と共通の政策学に近づくこととなる。それに対して、一般に社会福祉の援助技術はといえば、ソーシャルワークという呼び方がされる。社会福祉援助技術、つまりソーシャルワークの特徴は何かといえば、人と環境の双方に目を向け、その交互作用に着目するところだといわれている。ここでいう環境とは、人を取り巻く社会を指している。人の内面

だけに入っていくのでもなく、社会の側だけに入っていくのでもなく、双方を押さえながら、両者に働きかけ、両者の相互に影響しあう関係に着目するのである。これはエコロジカルアプローチ(生態学的視点)として、ソーシャルワークの基本的な視点の一つとなっている。

3) ソーシャルワークの方法と展開

　ソーシャルワークが対象とする単位は、個人、家族、小集団、地域社会、全体社会など広範囲に及ぶ。従来のソーシャルワークは、そうした対象に合わせる形で、個別援助技術、集団援助技術、地域援助技術といった分け方がなされていた。また、援助技術も、直接援助技術、間接援助技術、関連援助技術といった体系で分類されていた。

　しかし、個人の生活問題が深く社会問題とリンクし、複雑化・重層化する現代社会においては、個人、集団、地域社会など特定の単位に対応したソーシャルワークの方法という発想では対応できない。広範囲に及ぶ単位すべてを視野に入れてソーシャルワークを展開する必要がある。従って、ソーシャルワーカーが、特定の単位と対応した方法しか駆使できないということでは、生活問題に対応できない。そして方法も単位とは理念的には切り離されることとなる。その上で、個人や家族を単位とするソーシャルワークをミクロ・ソーシャルワーク、集団を単位とするソーシャルワークをメゾ・ソーシャルワーク、地域社会を単位とするソーシャルワークをマクロ・ソーシャルワークと言った呼び方をすることはある。

　それでは、ソーシャルワークの展開過程を見ていく。展開過程は、インテーク、情報収集、アセスメント、プランニング、援助活動、評価、終結、という流れで行われる。最初の事例を見ながらイメージを膨らませてみよう。まずは、相談を求めてきた人との初回面接であり、これをインテークと呼んでいる。次に、情報収集の段階となる。事例には様々な情報が記述されているが、援助の対象となる人（クライエントと呼ぶ）の心身の状況から家族や生活歴、取り巻く社会の状況など様々な事柄を情報収集する必要がある。そ

うした情報を踏まえてアセスメントに入る。これは専門的な評価、判断の段階であり、問題やニーズを明らかにし、援助の方向性を見立てていくこととなる。アセスメントに基づいて、プランニングを行う。プランニングとは、具体的な援助計画であり、短期，長期の援助目標を明確にした上で、具体的な社会資源の活用プランを決めることとなる。次に援助活動の段階で、ここは介入とも呼ばれ、実際にクライエントに援助が提供される段階となる。援助活動はやったら終わりということではなく、その援助活動が、立てた援助目標に対してどの程度達成されたのかを評価することとなる。この評価に基づいて、また情報収集、アセスメントからプランニング、援助活動といった流れへと繰り返し援助が展開されることとなる。援助目標が達成された場合などには終結ということになる。こうした一連の展開は図6－2のようにまとめられる。

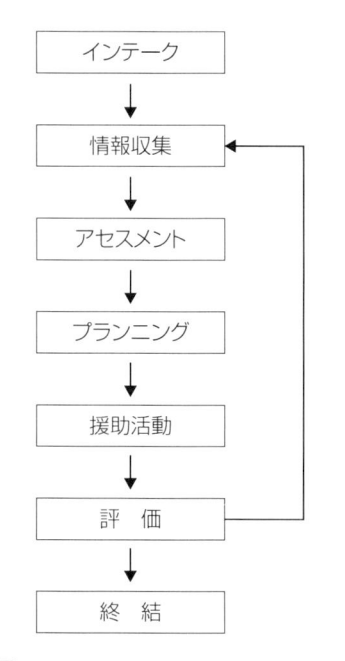

図6－2　ソーシャルワークの展開

4）ソーシャルワーカーに必要な資質

　それでは個別的実践を行う社会福祉援助者（ソーシャルワーカー）にはどのような資質が求められているのだろうか。対人援助の専門職として、人に関わる仕事のわけなので、出発点として自己覚知が何よりも重要になってくる。

　自己覚知とは、自分自身を知ることである。対人援助専門職は、自分自身を資源として活用し、利用者に提供する。大切なことは、自分自身のために利用者を利用しないことである。例えば、人を援助することによって、自分の問題を解決したいというように、援助という形をとっていても、実は自分自身の問題解決にその場を使っているということがあり得る。また、援助者自身、様々な人生経験や家族での育ちなどを経験しているわけで、その中で培われてきた自分自身の価値観を利用者に押し付けてしまう危険性も常につきまとっている。なので、自分自身の好ましいと思われる面も、嫌だと思う面も含め、自分自身を客観的に見つめ、自分とはどのような人間であるのかを対象化できていることが何よりも重要なのである。

　そして、利用者の人権をまもり、社会正義の実現を追求していくという社会福祉援助の基本的価値を内面化できていることが基礎となる。コミュニケーションスキルなど、様々な技術、法律や社会資源、人間の心身の状態についての様々な知識も必要とはなるわけであるが、社会福祉の価値を身につけ、自分自身を冷静に見つめ、そして利用者に寄り添っていける、専門性と人間性が重要である。まさに、Cool Head（冷静な頭）と Warm Heart（暖かい心）が必要となるわけである。

　利用者との援助関係に入る際において、どのような姿勢で援助を行えばよいのか、社会福祉援助の原理を説明したものに、有名なバイステックのケースワークの7原則がある。

　①個別化：クライエントを人格を持つかけがえのない一人の人間として扱うこと

　②意図的な感情表出：クライエントが、自分の感情をプラスの感情もマイ

ナスの感情も自由に表現できるように援助すること

③統制された情緒的な関わり：クライエントの感情を理解し大切にすると
　ともに、自らの感情をコントロールすること

④受容：クライエントを人間として尊重し、そのあるがままを受け止める

⑤非審判的態度：クライエントに対して、その善悪を判断する姿勢をとら
　ないこと

⑥自己決定：クライエントが自らの意思で決定ができるように援助するこ
　と

⑦秘密保持：クライエントの情報や秘密を漏らさないこと

　この７つの原則は、ケースワーク（個別援助技術）に限らず、社会福祉援
助に携わるものは、常に頭において置くべき重要な原理となっている。

　最後に倫理綱領を紹介しておきたい。秘密保持の原則にもあるように、
ソーシャルワーカーはクライエントの生活に深く関わることとなり、専門職
としての高度の倫理性を求められる。そこで、各種専門職団体では倫理綱領
を設け、専門職が守るべき価値や倫理を示している。日本ソーシャルワー
カー協会の倫理綱領を示すので、何度も読み返してかみしめて欲しい。

倫理綱領

　　　　　2005年１月27日最終提案

　　　　　社会福祉専門職団体協議会・倫理綱領委員会

　　　　　委員長　仲村　優一

　　　　　2005年５月21日　日本ソーシャルワーカー協会承認

＜前　　文＞

　われわれソーシャルワーカーは、すべての人が人間としての尊厳を有し、価値
ある存在であり、平等であることを深く認識する。われわれは平和を擁護し、人
権と社会正義の原理に則り、サービス利用者本位の質の高い福祉サービスの開発

と提供に努めることによって、社会福祉の推進とサービス利用者の自己実現をめざす専門職であることを言明する。

　われわれは、社会の進展に伴う社会変動が、ともすれば環境破壊及び人間疎外をもたらすことに着目する時、この専門職がこれからの福祉社会にとって不可欠の制度であることを自覚するとともに、専門職ソーシャルワーカーの職責についての一般社会及び市民の理解を深め、その啓発に努める。

　われわれは、われわれの加盟する国際ソーシャルワーカー連盟が採択した、次の「ソーシャルワークの定義」（2000年7月）を、ソーシャルワーク実践に適用され得るものとして認識し、その実践の拠り所とする。

＜ソーシャルワークの定義＞

　ソーシャルワークの専門職は、人間の福利（ウェルビーイング）の増進を目指して、社会の変革を進め、人間関係における問題解決を図り、人々のエンパワーメントと解放を促していく。

　ソーシャルワークは、人間の行動と社会システムに関する理論を利用して、人びとがその環境と相互に影響し合う接点に介入する。

　人権と社会正義の原理は、ソーシャルワークの拠り所とする基盤である。

（IFSW2000.7.）

　われわれは、ソーシャルワークの知識、技術の専門性と倫理性の維持、向上が専門職の職責であるだけでなく、サービス利用者は勿論、社会全体の利益に密接に関連していることを認識し、本綱領を制定してこれを遵守することを誓約する者により、専門職団体を組織する。

＜価　値　と　原　則＞

Ⅰ　（人間の尊厳）

　ソーシャルワーカーは、すべての人間を、出自、人種、性別、年齢、身体的

精神的状況、宗教的文化的背景、社会的地位、経済状況等の違いにかかわら

ず、かけがえのない存在として尊重する。

Ⅱ （社会正義）

ソーシャルワーカーは、差別、貧困、抑圧、排除、暴力、環境破壊などの無

い、自由、平等、共生に基づく社会正義の実現をめざす。

Ⅲ （貢　献）

ソーシャルワーカーは、人間の尊厳の尊重と社会正義の実現に貢献する。

Ⅳ （誠　実）

ソーシャルワーカーは、本倫理綱領に対して常に誠実である。

Ⅴ （専門的力量）

ソーシャルワーカーは、専門的力量を発揮し、その専門性を高める。

＜倫　理　基　準＞

Ⅰ．利用者に対する倫理責任

１．（利用者との関係）

ソーシャルワーカーは、利用者との専門的援助関係を最も大切にし、それを

自己の利益のために利用しない。

２．（利用者の利益の最優先）

ソーシャルワーカーは、業務の遂行に際して、利用者の利益を最優先に考え

る。

３．（受　容）

ソーシャルワーカーは、自らの先入観や偏見を排し、利用者をあるがままに

受容する。

４．（説明責任）

ソーシャルワーカーは、利用者に必要な情報を適切な方法・わかりやすい表

現を用いて提供し、利用者の意思を確認する。

５．（利用者の自己決定の尊重）

　　　ソーシャルワーカーは、利用者の自己決定を尊重し、利用者がその権利を十分に理解し、活用していけるように援助する。

6．（利用者の意思決定能力への対応）

　　　ソーシャルワーカーは、意思決定能力の不十分な利用者に対して、常に最善の方法を用いて利益と権利を擁護する。

7．（プライバシーの尊重）

　　　ソーシャルワーカーは、利用者のプライバシーを最大限に尊重し、関係者から情報を得る場合、その利用者から同意を得る。

8．（秘密の保持）

　　　ソーシャルワーカーは、利用者や関係者から情報を得る場合、業務上必要な範囲にとどめ、その秘密を保持する。秘密の保持は、業務を退いた後も同様とする。

9．（記録の開示）

　　　ソーシャルワーカーは、利用者から記録の開示の要求があった場合、本人に記録を開示する。

10．（情報の共有）

　　　ソーシャルワーカーは、利用者の援助のために利用者に関する情報を関係機関・関係職員と共有する場合、その秘密を保持するよう最善の方策を用いる。

11．（性的差別、虐待の禁止）

　　　ソーシャルワーカーは、利用者に対して、性別、性的指向等の違いから派生する差別やセクシュアル・ハラスメント、虐待をしない。

12．（権利侵害の防止）

　　　ソーシャルワーカーは、利用者を擁護し、あらゆる権利侵害の発生を防止する。

Ⅱ．実践現場における倫理責任

1．（最良の実践を行う責務）

　　　ソーシャルワーカーは、実践現場において、最良の業務を遂行するために、

自らの専門的知識・技術を惜しみなく発揮する。

2．（他の専門職等との連携・協働）

ソーシャルワーカーは、相互の専門性を尊重し、他の専門職等と連携・協働する。

3．（実践現場と綱領の遵守）

ソーシャルワーカーは、実践現場との間で倫理上のジレンマが生じるような場合、実践現場が本綱領の原則を尊重し、その基本精神を遵守するよう働きかける。

4．（業務改善の推進）

ソーシャルワーカーは、常に業務を点検し評価を行い、業務改善を推進する。

Ⅲ．社会に対する倫理責任

1．（ソーシャル・インクルージョン）

ソーシャルワーカーは、人々をあらゆる差別、貧困、抑圧、排除、暴力、環境破壊などから守り、包含的な社会を目指すよう努める。

2．（社会への働きかけ）

ソーシャルワーカーは、社会に見られる不正義の改善と利用者の問題解決のため、利用者や他の専門職等と連帯し、効果的な方法により社会に働きかける。

3．（国際社会への働きかけ）

ソーシャルワーカーは、人権と社会正義に関する国際的問題を解決するため、全世界のソーシャルワーカーと連帯し、国際社会に働きかける。

Ⅳ．専門職としての倫理責任

1．（専門職の啓発）

ソーシャルワーカーは、利用者・他の専門職・市民に専門職としての実践を

伝え社会的信用を高める。

2．（信用失墜行為の禁止）

　ソーシャルワーカーは、その立場を利用した信用失墜行為を行わない。

3．（社会的信用の保持）

　ソーシャルワーカーは、他のソーシャルワーカーが専門職業の社会的信用を損なうような場合、本人にその事実を知らせ、必要な対応を促す。

4．（専門職の擁護）

　ソーシャルワーカーは、不当な批判を受けることがあれば、専門職として連帯し、その立場を擁護する。

5．（専門性の向上）

　ソーシャルワーカーは、最良の実践を行うために、スーパービジョン、教育・研修に参加し、援助方法の改善と専門性の向上を図る。

6．（教育・訓練・管理における責務）

　ソーシャルワーカーは教育・訓練・管理に携わる場合、相手の人権を尊重し、専門職としてのよりよい成長を促す。

7．（調査・研究）

　ソーシャルワーカーは、すべての調査・研究過程で利用者の人権を尊重し、倫理性を確保する。

日本ソーシャルワーカー協会「倫理綱領」

http://www.jasw.jp/rinri/rinri.html

（2019年11月5日アクセス）

Ⅲ．名称未定稿

第7章　所得保障

●キーワード：
　社会的排除、所得保障、社会保険、生活保護、保護の補足性の原理、生活困
　窮者自立支援制度

●考えるべき課題：
　①現代日本の貧困にはどのような特徴があるのか。
　②貧困に対して、社会福祉が果たすべき役割とは何か。
　③所得保障はどのような体系から成り立っているのか。
　④救貧と防貧の違いとは何か。
　⑤生活保護の原理、原則にはどのようなものがあるのか。

1）現代の貧困問題

　この章からは、社会福祉のそれぞれの分野について、そのポイントを見ていくこととする。あくまで本書では社会福祉の全体像を把握し、社会福祉の視点を身につけることを目的としているので、分野についての詳細や最新の制度の状況などについては、それぞれの分野についての専門書を参照してもらいたい。

　まず、社会福祉がその対象の基本としてきたものであり、現在においても最大の課題である貧困について考えたい。貧困は所得に関わる問題ということになるので、ここでは所得保障という章を設定して、見ていくこととする。

　貧困をどのように見るのかは、社会福祉にとって極めて重要な点である。一般的に、貧しい状態に陥っている人に対しては、その人が怠惰であるなど本人に問題があるので貧しくなったのだという貧困を本人の責に帰する考え方が広くある。しかし、これまでの長い歴史を振り返る中で、社会福祉は基本的に貧困を社会的な問題ととらえ、貧困を生み出す社会の側を問題にしている。例えば、景気が良い時には失業率も低く、学生の就職状況も良い。し

かし、不況となれば失業率は上がり、就職活動も苦戦を強いられる。確かに
どれほど不況であっても、就職にたどりつける優秀な人材はいるのかもしれ
ない。しかし、それでは就職にたどりつけない人々は、その人たちに能力が
ないからだと決めつけて終えてしまうことは可能だろうか。これまでの資本
主義の歴史を踏まえたなら、貧困は資本主義の歴史的変動の中で生み出され
るある種の必然であることが明らかとなっている。つまり、貧困は社会に
よって生み出されるものであり、その社会の経済を調整する役割を担う国家
の責任の下に救済されるべきものである、というのが社会福祉の基本的な考
え方となる。社会福祉は、これまでの歴史を踏まえ、貧困を個人の問題、個
人の責任ととらえるのではなく、社会の問題、国家の責任ととらえる見方を
確立してきたのである。

　世界的に見れば、飢えはまだまだ深刻であり、戦争や紛争の中、食べるこ
とや住むことなどの基本的な要求がまだまだ満たされていない地域がたくさ
んある。また、豊かさを享受するといわれる先進諸国において、貧困は過去
のものであるかといえばそうではない。経済は世界規模に拡大し、グローバ
ル社会といわれている。その中で市場原理が拡大し、競争は激化している。
競争の激化は貧富の差の拡大を生み、21世紀に入って貧困はますます目に見
えるようになってきている。日本においても、規制緩和政策により、雇用は
不安定化している。派遣労働、パートなどの非正規雇用が拡大し、労働者の
雇用の調整弁化、使い捨てが蔓延している。高度経済成長を支えた終身雇用、
企業家族主義は崩壊し、いつくびを切られるか分からない状況、失業が即路
上に投げ出される状況が増えている。ホームレスに加え、ネットカフェ難民
といわれるように、若者の貧困も社会問題となっている。また、母子家庭や
介護家族の経済的苦境など、家庭でのケア役割の中、貧困に苦しむ世帯も増
えている。従来の失業者の経済問題に加えて、働いても貧困から脱出できな
いワーキングプアと呼ばれる社会階層も広く注目されるようになってきてい
る。

　貧困は経済的な問題だけにとどまらない。後に述べるが、貧困に陥ること
を防ぐために、様々な社会保障の制度が整えられてきたはずであった。しか

し、こうした制度がうまく機能せず、社会保障制度からこぼれ落ちる人々、家族や地域といったつながりを失った人々など、経済的な意味での貧困に加えて、社会からの排除＝社会とのつながりの喪失へと事態は展開している。働く場のみならず、暮らす場も、家族も持てず、社会との関係が切れてしまう事態、このように貧困は複合的な問題を併せ持つ状態へと深刻化している。また貧困により、子どもに十分な教育を受けさせることができないなど、貧困が子どもへと連鎖し、格差がますます拡大していくという事態も進行している。

　社会福祉は貧困の撲滅を歴史的に第一の目標として取り組んできたとともに、社会とのつながりをつけることを主要な任務としている。経済的な貧困と社会とのつながりの切断という複合的な現代の貧困は、社会保障制度の再構築といった制度のあり方とともに、社会関係の構築というソーシャルワークの重要性も明らかにしている。

２）所得保障の体系

　それではこうした貧困に対応する社会保障制度にはどのようなものがあるのだろうか。貧困に対する対応について、救貧という考え方と、防貧という考え方の二つがある。救貧とは文字通り、貧困に陥った人を救うということだが、すべての人を対象とする社会保障制度の基本にあるのは防貧という考え方である。つまり、貧困に陥った人を救うということのみならず、貧困に陥らないように、未然に防ぐという考え方である。近年、セーフティーネットの構築ということが盛んにいわれている。それはその通りであるが、大切なことは、落ちた人をネットでどう救うかということだけではなく、そもそもネットに落ちることのないように、どう制度を構築するのかということである。人のライフコースを見た場合、貧困に陥る様々な要因が考えられる。失業、病気、高齢、障害、多子、離婚など。こうした事態に対応する制度を構築することで、こうした事態が即貧困に結びつかないように策を講じるのが社会保障制度である。

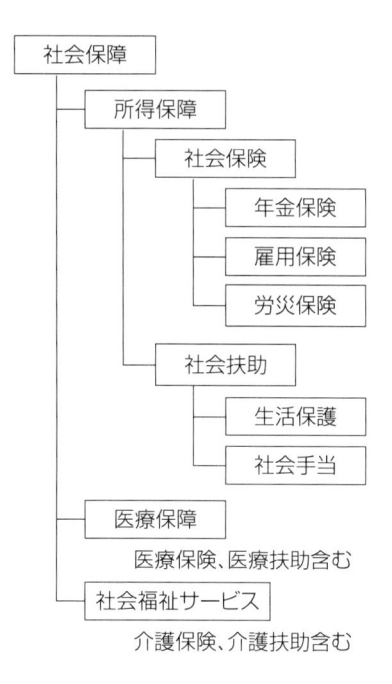

図7－1　社会保障制度の体系

　社会保障制度体系の説明には様々なものがあるが、ここでは、まず図
７－１のように、社会保障制度を所得保障、医療保障、社会福祉サービスの
三つに分ける。医療保障とは、病気など医療が必要となったときに、医療
サービスを受けることができる仕組みであり、日本の場合は医療保険の制度
が構築されている。社会福祉サービスとは、対人援助サービスともいうべき
もので、具体的にはヘルパーによる介護サービスや、福祉施設のような福祉
サービスなどを指している。

　所得保障は、社会保険と社会扶助に分けられる。保険とは、民間企業の保
険をイメージしてもらえばよいが、生活の上での様々なリスクを保険に加入
することで、分散を図るものである。加入者は保険料を払い、保険契約に定
められたリスクが発生した時には、保険金を受け取ることができるという仕
組みになっている。社会保険とはこれを国家による制度として社会全体に拡

大したもので、日本の社会保障制度の中核となっている。また、すべてが加入者の保険料でまかなわれているということではなく、年金保険ではその1／2は税金が投入されている。社会保険は、高齢になったり、障害を負った時に給付される年金保険、失業した時などに給付される雇用保険、業務上災害又は通勤災害により、労働者が負傷・疾病・障害・死亡などの場合に給付される労災保険、医療保険、介護保険から成り立っている。図では、医療についての保障である医療保険は医療保障に、介護サービスの保障である介護保険は社会福祉サービスに含めている。

　社会扶助は保険形式ではなく、税金によりまかなわれる所得保障である。社会扶助は、所得や資産などを審査して対象にあたるかどうかを厳密に調べる（ミーンズテスト）ものと、ミーンズテストを行わず、要件に該当すれば基本的に支給対象とするものとに理念的には分かれる。生活保護はミーンズテストを厳密に行うものであり、社会手当は理念的にはミーンズテストを行わないものである。社会手当には、児童手当、児童扶養手当、特別児童扶養手当などがあるが、日本の場合、多くは所得制限がかけられている。

3）生活保護制度

　生活保護制度は、日本国憲法第25条で保障された生存権を具体化する制度ということになる。第25条では、「健康で文化的な最低限度の生活」が権利として国民に保障されている。この最低限度の生活はナショナルミニマムといわれ、ナショナルミニマムの保障は、社会福祉の歴史の中で獲得されたものであり、福祉国家の中核をなす考え方となっている。この「健康で文化的な最低限度の生活」とはいかなるものであるのかをめぐっては、朝日訴訟など様々な議論や戦いが展開されてきた。現在の生活保護基準では水準均衡方式がとられ、一般世帯と生活保護を受ける世帯との消費水準を相対的に比較して均衡を図ることになっている。

　生活保護法第1条では、「この法律は、日本国憲法第二十五条 に規定する理念に基き、国が生活に困窮するすべての国民に対し、その困窮の程度に応

じ、必要な保護を行い、その最低限度の生活を保障するとともに、その自立を助長することを目的とする。」とされており、最低生活保障とともに、自立の助長が目的にすえられている。ここでいう自立とは経済的自立のことであり、生活保護の支援を受けることを通して、生活保護を受けずに生活していけることを目指していくこととなっている。このことを踏まえた上で、生活保護は三つの原理から成り立っている。

一つは無差別平等の原理である。生活保護法第2条では、「すべて国民は、この法律の定める要件を満たす限り、この法律による保護（以下「保護」という。）を、無差別平等に受けることができる。」となっている。人種、性別、社会的身分や、貧困に陥った原因により保護を受けることの可否が決められることはないということである。

次に最低生活保障の原理である。第3条では、「この法律により保障される最低限度の生活は、健康で文化的な生活水準を維持することができるものでなければならない。」とされている。この最低生活の水準に関わる保護の基準については厚生労働大臣が定めることとなっている。

最後は保護の補足性の原理である。生活保護を受けるには、まず資産や能力を活用すること、民法に定められた扶養義務者（民法第877条では、直系血族及び兄弟姉妹は，互いに扶養をする義務がある、とされている）による扶養、その他の法律を活用すること、を優先し、その上で足りない部分を生活保護が補うという考え方である。

・生活保護法
　第4条　保護は、生活に困窮する者が、その利用し得る資産、能力その他あらゆるものを、その最低限度の生活の維持のために活用することを要件として行われる。
　2　民法（明治二十九年法律第八十九号）に定める扶養義務者の扶養及び他の法律に定める扶助は、すべてこの法律による保護に優先して行われるものとする。
　3　前二項の規定は、急迫した事由がある場合に、必要な保護を行うことを

　　妨げるものではない。

とされている。

生活保護を実際に適用するに際しては、4つの原則がある。

①申請保護の原則。

・生活保護法
　　第7条　保護は、要保護者、その扶養義務者又はその他の同居の親族の申請
　　　　に基いて開始するものとする。但し、要保護者が急迫した状況にあるとき
　　　　は、保護の申請がなくても、必要な保護を行うことができる。

保護は基本的にはあくまで申請に基づくものということになっている。

②基準及び程度の原則。

・生活保護法
　　第8条　保護は、厚生労働大臣の定める基準により測定した要保護者の需要
　　　　を基とし、そのうち、その者の金銭又は物品で満たすことのできない不足
　　　　分を補う程度において行うものとする。
　　2　前項の基準は、要保護者の年齢別、性別、世帯構成別、所在地域別その
　　　　他保護の種類に応じて必要な事情を考慮した最低限度の生活の需要を満
　　　　たすに十分なものであつて、且つ、これをこえないものでなければなら
　　　　ない。

　厚生労働大臣の定める保護の基準は、最低限度の生活を保障するものであ
り、年齢や世帯構成、所在地などによって細かく定められている。

③必要即応の原則。

・生活保護法
　第9条　保護は、要保護者の年齢別、性別、健康状態等その個人又は世帯の
　　実際の必要の相違を考慮して、有効且つ適切に行うものとする。

④世帯単位の原則。

・生活保護法
　第10条　保護は、世帯を単位としてその要否及び程度を定めるものとする。
　　　　　但し、これによりがたいときは、個人を単位として定めることができる。

　同一の住居で生計をともにしている者は同一世帯とし、その世帯単位に認
定や算定を行う。なお、同一世帯とすることで、その者の自立が損なわれる
などの場合、個人を単位とすることができるとして、世帯分離についての規
程もある。
　保護の種類は8種類になる。生活扶助、教育扶助、住宅扶助、医療扶助、
介護扶助、出産扶助、生業扶助、葬祭扶助である。このうち、医療扶助と介
護扶助は現金支給ではなく、現物支給ということになる。
　生活保護は、被保護者の居宅において行うことを原則としている。しかし、
居宅保護では保護の目的を達しがたいとき、被保護者が希望したときは、施
設入所を認めている。生活保護法上の保護施設は、救護施設、更生施設、医
療保護施設、授産施設、宿所提供施設の5つになっている。救護施設は、「身
体上又は精神上著しい障害があるために日常生活を営むことが困難な要保護
者を入所させて、生活扶助を行うことを目的とする施設」であり、更生施設
は、「身体上又は精神上の理由により養護及び生活指導を必要とする要保護
者を入所させて、生活扶助を行うことを目的とする施設」である。一般には
あまり知られていないが、多くの障害者がこうした施設に入所している。
　最後に生活保護の実施体制である。生活保護の実施機関は、「都道府県知事、

市長及び社会福祉法に規定する福祉に関する事務所（以下「福祉事務所」という。）を管理する町村長」となっているが、相談や対応は福祉事務所が行っている。福祉事務所は、都道府県や市（特別区を含む）では義務設置、町村では任意設置であり、社会福祉主事が補助機関とされ、民生委員は事務の執行に協力するものとなっている。

　なお、1950年の制定以降、大きな改正がされてこなかった生活保護法であるが、2014年7月より（一部は同年1月より）、大がかりな改正が施行されている。改正のポイントは4点あり、①就労による自立の促進、②健康・生活面等に着目した支援、③不正・不適正受給対策の強化等、④医療扶助の適正化、である。③については、福祉事務所の調査権限の拡大、罰則の引上げ及び不正受給に係る返還金の上乗せ、不正受給に係る返還金の保護費との相殺、扶養義務者に対する報告の求め、が盛り込まれている。特に扶養義務者に関しては、「明らかに生活保護受給者を十分扶養することができると思われる扶養義務者については、その責任を果たしていただきたい」という考え方の下、「福祉事務所が必要と認めた場合には、その必要な限度で、扶養義務者に対して報告するよう求めることとする」とされている。扶養義務の強化に関しては、必要な生活保護申請を抑制する方向に働くのではないかという批判も存在する。

4）生活困窮者自立支援制度

　これまで述べてきた生活保護制度が「最後のセーフティーネット」だとすると、その手前で生活困窮者を支える「第二のセーフティーネット」として、2015年度より生活困窮者自立支援制度が開始された。先に述べた生活保護法の改正とのセットであり、生活保護受給者や生活困窮に至るリスクの高い層の増加を踏まえ、生活保護に至る前の自立支援策の強化、生活保護から脱却した人が再び生活保護に頼ることのないようにする、ことから制度化されたものである。生活困窮者自立支援法において生活困窮者とは、「就労の状況、心身の状況、地域社会との関係性その他の事情により、現に経済的に困窮

し、最低限度の生活を維持することができなくなるおそれのある者をいう。」とされている。

　「市及び福祉事務所を設置する町村は、この法律の実施に関し、関係機関との緊密な連携を図りつつ、適切に生活困窮者自立相談支援事業及び生活困窮者住居確保給付金の支給を行う責務を有する。」とされており、生活困窮者自立支援事業のうち、「自立相談支援事業」「住宅確保給付金」は必須事業である。「自立相談支援事業」とは、就労の支援その他の自立に関する問題についての相談対応、生活困窮者の抱えている課題の評価・分析を踏まえたニーズの把握、ニーズに応じた自立支援計画の策定などが含まれている。「住宅確保給付金」とは、離職により住宅を失った（または失うおそれの高い）生活困窮者等に対し、就職に向けた活動をするなどを条件に、一定期間、家賃相当額を支給するものである。必須事業以外の任意事業としては、「就労準備支援事業」「一時生活支援事業」「家計相談支援事業」「学習支援事業」などがある。

　生活保護制度と生活困窮者自立支援制度はセットのものとして、現金給付から人的支援を有期で行う方向へという政策動向の中で理解する必要がある。もちろん、生活困窮者自立支援制度によって、ワンストップ型の相談窓口の設置から、複合的な課題に対する包括的・継続的な支援がより可能となった点は重要である。ただ厳しい財政事情の中でのポスト福祉国家における世界的な流れでもあるが、Welfare から Workfare へという文脈の中での施策であり、そもそも国家は生活困窮者に対してどのような支援を行うのか、あるいはなぜ生活困窮者は生まれ続けるのか、といった貧困の根本に迫る視点を労働環境の悪化という観点を中心に持たなければならない。

第8章 子ども家庭福祉

●キーワード:
　家庭の安定、子ども家庭福祉、子どもの権利、児童相談所、次世代育成支援

●考えるべき課題:
　①子どもに関わる問題にはどのようなものがあるのか？
　②なぜ、児童福祉ではなく、子ども家庭福祉と呼ばれるのか？
　③1997 年以降の児童福祉法改正の内容は、どのようなものか？
　④児童福祉施設にはどのような施設があるのか？
　⑤児童虐待を防止するには、どのような施策が必要であるか？

1) 子ども・家庭の生活課題

　児童福祉法第1条では、「全て児童は、児童の権利に関する条約の精神にのつとり、適切に養育されること、その生活を保障されること、愛され、保護されること、その心身の健やかな成長及び発達並びにその自立が図られることその他の福祉を等しく保障される権利を有する。」と述べられ、第2条では、「全て国民は、児童が良好な環境において生まれ、かつ、社会のあらゆる分野において、児童の年齢及び発達の程度に応じて、その意見が尊重され、その最善の利益が優先して考慮され、心身ともに健やかに育成されるよう努めなければならない。」と児童の権利と健やかな育成への責任が述べられている。現在の子どもを取り巻く状況は、家族や地域のあり方の変化とともに厳しいものがあり、権利保障と健やかな育成に対して社会が何ができるのかが深く問われている。

　地域社会の絆が崩れ、地域での人間関係が希薄化するとともに、核家族化が進行して、子育て環境はますます親にのみのしかかるようになってきた。また、男女共に働くことが当たり前となる社会の中で、子育てを中心とする家庭生活と職業生活との両立は難しくなっている。労働環境の悪化に伴い、労働時間の延長や不規則な勤務、経済的な困窮、特に若い子育て家庭は、不

安定雇用化の直撃を受け、働いても収入が上がらず苦しい生活となり、家庭が安定せず子育てにも悪影響を及ぼす事態となっている。ひとり親世帯の苦しい経済状況なども含め、親が長時間働き続けなければ生活していけない状況にあるにも関わらず、家庭外での子育て支援を求める保育需要に対して、保育園などの供給が追いついていない実情がある。子どもを家庭だけで養育するのは無理な状況があるにも関わらず、家庭とともに子育てを担う社会資源の不足は深刻である。このことは、障害児の家庭においても同様であり、これまで母親がケアを担うという仕組みで作られてきた体制が、父母ともに働かなければ生活していけない中、育児と仕事の両立の問題は、すべての子育て家庭の問題となっている。そして、このことにも関連して、虐待の問題も深刻化している。虐待に関する相談件数は増加の一途をたどり、子どもが死亡するなどの深刻な事件も後を絶たない。子どもの健全育成にとって、何より重要なのは家庭の安定である。雇用が安定し、家庭の経済収入が安定すること、男性女性ともに親が育児と仕事をバランス良くこなすことが出来、子どもにしっかりと関わることができる環境をいかに作っていくかが大きな課題となっている。

2）子ども家庭福祉の理念

　法律は「児童福祉法」であるが、近年、社会福祉の分野としては「児童福祉」ではなく、「子ども家庭福祉」といういい方をする。このことばの転換には二つの意味がある。一つは、子どもは大人によって守られるという意味での保護の対象にとどまらず、権利主体であるという点である。1989年に国際連合では「児童の権利に関する条約」が採択された。日本は1994年に批准したが、この中では、自分に影響を及ぼすすべての事項について自由に自己の意見を表明する権利（意思表明権）をはじめ、生命、生存、発達、父母から分離されないこと、思想、良心、宗教などの自由といった権利がうたわれている。大人がいかに子どもをまもるかという子どもを客体視する視点ではなく、子どもを主人公として、その権利、意思を尊重する視点への転換である。も

う一つは家庭という言葉がついているように、従来の児童福祉がややもする
と、色々な事情から家庭で暮らすことのできない子どもたちを対象にし、そ
の保護を中心とするものだったことに対し、すべての子どもを対象に、子ど
もが育つ家庭をまるごと支援していく方向への転換であるといえる。いわば、
保護に加えて支援の視点の強調である。

　以上のことを踏まえると、子ども家庭福祉において重要なことは、子ども
の権利をまもり、主体としての子どもの意思を尊重し、自己決定や自己実現
といった意味での子どもの自立を支援する姿勢である。とともに、子どもが
育つ環境である家庭をいかに安定化させるかという意味で、子どもと家庭を
一体のものとして支援対象にしていくという姿勢である。両者は一体のもの
である。育児と仕事の両立といっても、親の都合、いや企業や社会の都合に
子どもを合わせていくことが求められているのではない。子どもが健やかに
育つ家庭環境を作るためには、親の長時間労働や極端な夜間労働などに保育
を合わせていくということではなく、労働環境の規制などによって、育児と
両立しやすい働く環境を作っていくこと、それによって、子どもの権利や発
達がまもられることが大切なのである。

3）子ども家庭福祉の法律・施策

　法律の中心となるのは、児童福祉法である。児童福祉法上、児童とは満18
歳に満たない者をさし、満1歳に満たない者を乳児、満1歳から小学校就学
の始期に達するまでの者を幼児、小学校就学の始期から満18歳に達するまで
の者を少年と呼んでいる。

　児童福祉法は戦後すぐにできた法律であるが、1997年には50年ぶりの大き
な改正がなされている。施設名称が変更されるとともに（教護院が児童自立
支援施設など）、措置から契約へという流れの中、保護者の選択の尊重とい
ううたい文句から、保育所利用方式が措置制度から利用制度へと変更され
た。その後2000年の改正では、母子生活支援施設などにおいても措置制度は
廃止される。その後も幾度となく改正が行われ、2008年の改正では、乳幼児

子どもと子育てを応援する社会

家族や親が子育てを担う ＜個人に過重な負担＞　●「少子化対策」から「子ども・子育て支援」へ　社会全体で子育てを支える ＜個人の希望の実現＞　●生活と子育ての調和

基本的考え方

３つの大切な姿勢

1 社会全体で子育てを支える
- 子どもを大切にする
- ライフサイクルを通じて社会的に支える
- 地域のネットワークで支える

○ 生命（いのち）と育ちを大切にする

2 「希望」がかなえられる
- 出産、仕事、子育てを総合的に支える
- 低所得層を重点的に支援する
- 持続可能で確かな未来社会が実現する

○ 困っている声に応える

○ 生活（くらし）を支える

目指すべき社会への政策４本柱と１２の主要施策

1. 子どもの育ちを支え、若者が安心して成長できる社会へ

(1) 子どもが社会全体で支えられるとともに、自立に向けて成長できるように
- 子ども手当の創設
- 高校の実質無償化、就学援助の充実

(2) 就学期から職業生活に円滑に移行できるように
- 非正規雇用化での就業、各分野の支え合う（キャリア教育・ジョブ・カード等）

(3) 社会生活に必要なことを学び習得できるように
- 学校、家庭、地域の連携、地域づくりでの子どもの教育に取り組む環境連携

2. 妊娠、出産、子育ての希望が実現できる社会へ

(4) 安心して妊娠・出産できるように
- 早期妊娠届出の勧奨、妊婦健診の助成
- 相談支援体制の整備（妊娠・出産、人工妊娠中絶）
- 不妊治療に関する相談や経済的支援の充実

(5) 誰もが希望する幼児教育と保育サービスを受けられるように
- 新たな次世代育成支援のための包括的・一元的な制度の構築に向けた検討
- 幼児教育と保育の総合的な提供（幼保一体化）
- 放課後子どもプランの充実、放課後児童クラブの充実

(6) 子どもの健康と安全を守るとともに、安心して医療にかかれるように
- 小児医療の体制の充実

(7) ひとり親家庭の子どもが困らないように
- 児童扶養手当の父子家庭への拡大、生活保護の母子加算

(8) 特に支援が必要な子どもが健やかに育つように
- 障害のある子どものライフステージに応じた支援に取り組む
- 児童虐待の防止、家庭的養護の推進（ファミリーホームの拡充等）

3. 多様なネットワークで子育て力のある地域社会へ

(9) 子育て支援の拠点やネットワークの充実が図られるように
- 丸ごとの全戸訪問（こんにちは赤ちゃん事業等）
- 地域子育て支援拠点の設置促進
- ファミリー・サポート・センターの普及促進

(10) 子どもが住まいや安らかな子育て環境の中で安心して暮らせるように
- 良質なファミリー向け賃貸住宅等の供給促進
- 子育てにやさしい住まいづくりの推進（良質の住宅、子育て世帯にやさしい住環境の整備等）
- NPO法人の活動等の支援

4. 男性も女性も仕事と生活が調和する社会へ（ワーク・ライフ・バランスの実現）

(11) 働き方の見直しを
- 「仕事と生活の調和（ワーク・ライフ・バランス）憲章」及び「行動指針」に基づく取組
- 長時間労働の抑制など仕事時間の縮減
- テレワークの推進
- 男性の育児休業の取得促進（パパ・ママ育休プラス）

(12) 仕事と家庭が両立できる職場環境の実現を
- 保育所等の充実による待機児童の解消
- 子育てバリアフリーの推進（授乳の場所、子育て世帯にやさしいトイレの設置等）
- 交通安全教育の推進（幼児二人同乗自転車等の安全利用等）

図8－1 子ども・子育てビジョン（平成22年1月29日閣議決定）

内閣府 web サイト
http://www8.cao.go.jp/shoushi/shoushika/family/vision/pdf/gaiyo.pdf
(2019年11月5日アクセス)

認定について

施設などの利用を希望する場合は、お住まいの市町村から利用のための認定を受ける必要があります。

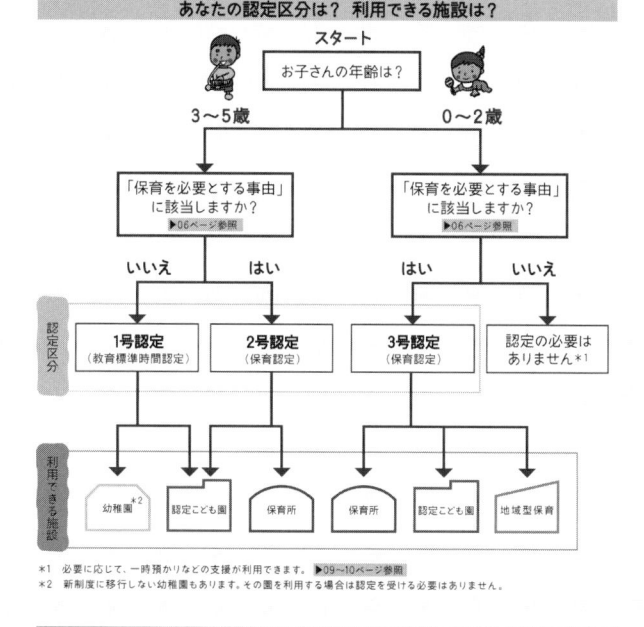

あなたの認定区分は？ 利用できる施設は？

スタート

お子さんの年齢は？

3〜5歳　　　　　　　　　　　0〜2歳

「保育を必要とする事由」に該当しますか？
▶06ページ参照

「保育を必要とする事由」に該当しますか？
▶06ページ参照

いいえ　　はい　　　　　はい　　いいえ

認定区分

| 1号認定（教育標準時間認定） | 2号認定（保育認定） | 3号認定（保育認定） | 認定の必要はありません＊1 |

利用できる施設

幼稚園＊2　認定こども園　保育所　　保育所　認定こども園　地域型保育

＊1　必要に応じて、一時預かりなどの支援が利用できます。▶09〜10ページ参照
＊2　新制度に移行しない幼稚園もあります。その園を利用する場合は認定を受ける必要はありません。

●共働き家庭でも幼稚園を利用したい場合は？　➡　共働きでも幼稚園での教育を希望される場合は、1号認定を受けることになります。

保育所などでの保育を希望される場合の保育認定（2号・3号認定）に
当たっては、以下の2点が考慮されます。

❶ 保育を必要とする事由

次のいずれかに該当することが必要です。
（　　　は新たに加えられた事由）

○ 就労（フルタイムのほか、パートタイム、夜間、居宅内の労働など）
○ 妊娠、出産
○ 保護者の疾病、障害
○ 同居又は長期入院等している親族の介護・看護
○ 災害復旧
○ 求職活動（起業準備を含む）
○ 就学（職業訓練校等における職業訓練を含む）
○ 虐待やDVのおそれがあること
○ 育児休業取得中に、既に保育を利用している子どもがいて継続利用が必要であること
○ その他、上記に類する状態として市町村が認める場合

❷ 保育の必要量

保育を必要とする事由や保護者の状況に応じ、次のいずれかに区分されます。

ⓐ 「保育標準時間」認定 ▶ 最長11時間（フルタイム就労を想定した利用時間）
ⓑ 「保育短時間」認定 ▶ 最長8時間（パートタイム就労を想定した利用時間）

※保育を必要とする事由が就労の場合、「保育短時間」利用が可能となる保護者の就労時間の下限は、
　1ヶ月当たり48〜64時間の範囲で、市町村が定めることとなります。

●保育標準時間認定の場合、　➡　利用できる時間は、休憩時間や通勤時間も考慮し、
　必ず11時間利用できるの？　　　保護者の就労状況等に応じて必要な範囲となります。（最長11時間）

［ 具体的な運用については、お住まいの市町村にご確認ください。］

06

図8−2　子ども・子育て支援新制度　認定について

内閣府 web サイト
https://www8.cao.go.jp/shoushi/shinseido/event/publicity/pdf/naruhodo_book_2804/w_4.pdf

（2019年11月5日アクセス）

家庭全戸訪問事業、養育支援訪問事業、地域子育て支援拠点事業、一時預かり事業といった子育て支援事業、いわゆる保育ママなどの家庭的保育事業が法定化される。加えて、里親制度の改正、施設内虐待の防止など困難な状況にある子どもや家族に対する支援も強化された。2017年の改正では、里親委託の推進、養子縁組里親の法定化、自立援助ホームの対象者拡大（満22歳の年度末までの間にある大学等就学中の者）、情緒障害児短期治療施設を児童心理治療施設へと名称変更、などが行われた。

　児童虐待に関する法律や取り組みについては後に述べることとして、次世代育成支援への取り組みが21世紀に入り行われている。1990年代は出生率の低下を背景に、少子化対策という形での取り組みであった。子どもの数の減少が盛んに取り上げられ、女性が一生に産む子どもの数を表した合計特殊出生率は、1989年の1.57で、1.57ショックといわれた。しかし、その後も減少の一途をたどり、2005年には1.26まで落ち込んだ。その後はやや持ち直す傾向にあり、2009年は1.37となっている。現在では、少子化対策という名称ではなく、子どもの育ちや社会の課題といった視点を強調した次世代育成支援という取り組みへと変化している。2003年の少子化社会対策基本法では、「もとより、結婚や出産は個人の決定に基づくものではあるが、こうした事態に直面して、家庭や子育てに夢を持ち、かつ、次代の社会を担う子どもを安心して生み、育てることができる環境を整備し、子どもがひとしく心身ともに健やかに育ち、子どもを生み、育てる者が真に誇りと喜びを感じることのできる社会を実現し、少子化の進展に歯止めをかけることが、今、我らに、強く求められている。」と述べられ、国、地方公共団体、事業主、国民の責務が定められ、雇用環境の整備や保育サービスの充実などがうたわれている。併せて2003年の次世代育成支援対策推進法では、地方自治体や一定規模以上の事業主に行動計画の策定が義務づけられた。2010年の子ども・子育てビジョンでは、個人に過重な負担を強いる「家族や親が子育てを担う」社会から、個人の希望の実現をはかる「社会全体で子育てを支える」社会への転換がうたわれ、子どもの育ちを支え、若者が安心して成長できる社会へ、妊娠、出産、子育ての希望が実現できる社会へ、多様なネットワークで子育て力のあ

る地域社会へ、男性も女性も仕事と生活が調和する社会へ（ワーク・ライフ・バランスの実現）、が目指すべき政策への4本柱とされている。

　保育園の待機児童の慢性化などを受け、①待機児童の解消、②質の高い幼児期の学校教育・保育の提供（幼保一元化）、③地域の子育て支援の充実、を柱に2015年度より、子ども・子育て支援新制度が本格的にスタートした。幼稚園、保育所に加えて、認定こども園の普及を図るとともに、地域型保育（家庭的保育、小規模保育、事業所内保育、居宅訪問型保育）を新設し、待機児童の多い3歳未満児の保育の場を増やすことを目指している。新制度を利用するに際しては、幼稚園等を利用希望の場合は幼稚園等に直接利用を申し込む、保育所等を利用希望の場合は市町村に保育の必要性の認定を申請することとなる。その結果、1号認定（教育標準時間認定）、2号認定（満3歳児以上・保育認定）、3号認定（満3歳児未満・保育認定）の認定証が市町村から交付されるという流れになる。

　子ども家庭福祉の中心となる機関は、児童相談所である。児童相談所は児童に関するあらゆる相談に応じる専門的機関であり、都道府県、指定都市が義務設置となっている。業務としては、市町村相互間の連絡調整・市町村への情報提供、児童に関する家庭その他からの相談のうち専門的な知識及び技術を必要とするものへの対応、必要な調査・判定・指導、児童の一時保護、里親の選定や相談など、養子縁組に関する相談援助などとなっている。児童相談所の相談は、障害相談、育成相談、養護相談、非行相談、保健相談、などとなっている。

　児童福祉施設には、助産施設、乳児院、母子生活支援施設、保育所、児童厚生施設、児童養護施設、障害児入所施設、児童発達支援センター、児童心理治療施設、児童自立支援施設、児童家庭支援センター、幼保連携型認定こども園がある。大きく分けると、親とともに暮らせない子どもたちの施設（児童養護施設など）、障害のある子どもたちのための施設（障害児入所施設など）、保育が必要な子どもたちのための施設（保育所など）、ひとり親家庭のための施設（母子生活支援施設など）、児童の健全育成のための施設（児童厚生施設）などから構成されている。

4）児童虐待の現状と対応

　児童虐待の相談件数は急増しており、死亡に至る深刻な事態も続発している。児童虐待の防止等に関する法律では、児童虐待とされる行為を以下のように定義している。

　・児童虐待の防止等に関する法律
　　① 児童の身体に外傷が生じ、又は生じるおそれのある暴行を加えること。（身体的虐待）
　　② 児童にわいせつな行為をすること又は児童をしてわいせつな行為をさせること。（性的虐待）
　　③ 児童の心身の正常な発達を妨げるような著しい減食又は長時間の放置、保護者以外の同居人による前二号又は次号に掲げる行為と同様の行為の放置その他の保護者としての監護を著しく怠ること。（ネグレクト）
　　④ 児童に対する著しい暴言又は著しく拒絶的な対応、児童が同居する家庭における配偶者に対する暴力（配偶者（婚姻の届出をしていないが、事実上婚姻関係と同様の事情にある者を含む。）の身体に対する不法な攻撃であって生命又は身体に危害を及ぼすもの及びこれに準ずる心身に有害な影響を及ぼす言動をいう。）その他の児童に著しい心理的外傷を与える言動を行うこと。（心理的虐待）

　児童虐待に対する対応としては、2000年にこの「児童虐待の防止等に関する法律」が施行された。この法律は、その後何度も改正されており、2004年の改正では、早期発見・早期対応、立ち入り調査と警察官の援助、面会・通信の制限などが、2007年の改正では、防止対策の強化などが図られている。2011年には、民法が改正され、最長２年間の親権停止が可能となった。何よりも、早期発見、早期対応が重要であり、そのためには相談体制の整備、通報・介入の体制が必要である。また、虐待の防止や発見のためにも、子育て支援体制の確保が重要となる。児童相談所や福祉事務所、保育所といった福

祉の機関・施設のみならず、医療機関、保健所、学校、警察などといった諸機関、児童委員、地域住民、ボランティアなどの人材が連携して、地域でネットワークを構築し、早期発見と早期対応を図ることが求められている。何よりも子どもを保護することが重要であるが、虐待を受けた子どものその後のケア、再発防止も含めた親へのケア、そして将来の家族再統合に向けた支援など、課題は山積している。

第9章　障害者福祉

●キーワード：
　ICF、バリアフリー、発達障害、障害者総合支援法、就労支援
●考えるべき課題：
　①障害児・者への経済的支援にはどのようなものがあるのか？
　②国際生活機能分類（ICF）の特徴とは何か？
　③障害者基本法では障害者はどのように定義されているのか？
　④発達障害とは何か？
　⑤障害福祉サービス提供における問題点とは何か？

１）障害者の生活課題

　「障害」者の記述には様々な考え方がある。法的には「障害者」という表現になるが、近年行政においても、「障がい」者という表現も見られるようになってきている。障害の「害」という字が問題であるということから、「碍」という字を使うケースもある。一方、表現を変えたからといって、現実が変わるわけでもなく、逆に現実を隠蔽することになるということから、あえて「障害」者という表現を使うという考え方もあり、本書ではこの立場をとる。

　障害の記載の問題を最初に述べたが、障害者福祉というカテゴリーも考えてみればおかしな話でもある。障害者とは何か。後で詳しく見るが、例えば身体障害者福祉法では、「この法律において、「身体障害者」とは、別表に掲げる身体上の障害がある十八歳以上の者であつて、都道府県知事から身体障害者手帳の交付を受けたものをいう」と述べられている。一方、知的障害者福祉法では、知的障害者の定義は定められていない。障害者というカテゴリーを設定することで、何か障害者という集団があり、そこに共通の特性や心理、課題があるように見えることにもなる。しかし、大切なことは、障害「者」であり、障害「児」であることであって、そもそもは単なる一人の「者」「児」という人間であるという事実である。その人間がたまたま障害と

呼ばれる社会的ハンディを持っているということである。そこを押さえておかないと、障害者は障害者として対応しようとか、障害者とはこういう人だとか、現実を無視した議論や観念が一人歩きしかねない。

　障害児・者であっても、社会生活上の基本的要求には何ら変わることはなく、社会との関係において、様々な生活問題が生じることとなる。ただ障害というハンディによって、相対的により問題が深刻化するということになる。まずは経済問題である。障害者に対する経済的支援としては、障害年金（障害基礎年金、障害厚生年金）がある。障害基礎年金とは、国民年金の制度において、障害の状態に応じて支給されるものである。支給要件（20歳前の年金制度に加入していない期間に初診日がある場合は納付要件はない）は、「初診日のある月の前々月までの公的年金の加入期間3分の2以上の期間について、保険料が納付または免除されていること」、「初診日において65歳未満であり、初診日のある月の前々月までの1年間に保険料の未納がないこと」のいずれかの要件を満たしていることとなっている。障害等級は1級と2級がある。また、20歳以上の「精神又は身体に著しく重度の障害を有し、日常生活において常時特別の介護を必要とする」特別障害者に支給される特別障害者手当がある。障害児に対しては、「精神又は身体に重度の障害を有するため、日常生活において常時の介護を必要とする状態にある在宅の20歳未満の者」で、受給者もしくはその配偶者又は扶養義務者の前年の所得が一定の額未満のものに支給される障害児福祉手当や、20歳未満の障害児を養育する父母又は養育者に対して支給される手当である特別児童扶養手当がある。このような経済的支援策があるが、例えば障害基礎年金の年額は、平成31年度で、1級が「780,100円×1.25＋子の加算」、2級が「780,100円＋子の加算」と、地域で自立して生活していくには十分な額とは成り得ていない。

　経済的支援と両輪となるのが就労支援である。障害者が就労するにおいては、様々なハンディがあるとともに、社会の差別もある。障害者雇用率制度があり、一般企業においては、（身体障害者、知的障害者及び精神障害者である常用労働者の数＋失業している身体障害者、知的障害者及び精神障害者の数）／（常用労働者数＋失業者数）＝障害者雇用率とされ、障害者の雇用

が求められている。しかし、この雇用率が未達成の場合は、障害者雇用納付金の納入ということになり、なかなか障害者雇用が進まない現状がある。後に述べる障害者自立支援法の開始により、就労支援が重視されることにはなり、ジョブコーチなどの様々な施策も進められてはいるが、経済状況の影響を障害者は最も受けやすく、障害者サイドの努力にも関わらず、企業の経営環境や経営状況に大きく依存しているのが実情である。

　次に生活支援の課題である。障害児・者の生活においては、日常的なケアが必要となる場合が多い。日本のこれまでの福祉の在り方を見てきた場合、そのケアの役割の大半を家族が担ってきたといえる。在宅福祉といわれるが、この在宅という意味、本来は自宅でということではあるが、実質的には障害児・者をケアする家族によるケア込みでの在宅という文脈が強い。従ってそこにはケアをする家族の負担という問題が生じる。障害のある人が生まれ、子ども時代を過ごし、成長して成人になり、というライフコースを考えた場合、その人とともに過ごし生活を送っていく親の役割は大きい。障害の受容から、日常生活、通院や入院の時のケア、学校生活との関わりなど、非常に多くの役割を親（そして多くの場合母親）が担うこととなり、子どもに障害がなければ可能であった生き方を修正され、精神的、身体的な負担を負うことが少なくない。また一方、障害のある当事者からすれば、親に抱え込まれた生活ということで、他の人間関係を築くことにハンディが生じ、例え成人になったとしても、親との暮らしがそのまま継続し、自己決定の場を親に奪われてしまうという場面が生じることとなる。障害児・者の在宅福祉の担い手が親であるということは、障害者の自立とは、親からの自立であり、親から離れ、地域の中でどう暮らしていけるのかの道筋をたてるということになる。また、学齢期の障害児の支援は、特別支援学校や特別支援学級なりの教育部門に担われることが中心となり、学齢期未満、高校卒業以降を担う社会福祉との接点が不十分で、年齢による縦割りの弊害もある。18歳以降の自立した生活に、学齢期の教育がどうつながっていくのかも課題となっている。そもそもまだ、障害があっても成人になれば親から離れて暮らすことが当たり前という社会にはなっていない。自立とは、サービスを使いながら、自ら

が望む生き方、暮らし方を自己決定していくということであった。障害当事者も、親などの家族も、それぞれの生き方が尊重されるような社会のあり方が求められている。

2）障害者福祉の理念

まず障害とは何かということになるが、障害に関する分類は、現在、2001年に世界保健機関（ＷＨＯ）総会において採択された国際生活機能分類（ICF）が使用されている。これは、従来の国際障害分類（ICIDH）が障害というマイナス面を中心に分類するという方向であったことに対し、環境因子などの視点を導入し、生活機能というプラス面からも見る方向へと転換したものである。生活上の障害は、環境因子しだいで、肯定的な方向にも否定的な方向にもなるということになる。

社会福祉の理念の章で述べたようなノーマライゼーションや自立の理念は障害者福祉の基礎となる。「障害者」という特別な区分がされ、特別な処遇、特別な対応ということになりがちな中、どのような障害があったとしても、地域での普通の暮らしが保障されなければならないというノーマライゼーションの考え方は極めて重要である。日本の障害者福祉の歴史は、地域から切り離された施設への入所、地域の学校から切り離された養護学校への歴史（もちろん、それ以前の就学猶予や免除、訪問教育の問題もある）であった。それだからこそ、地域の中で当たり前に暮らすという理念は、いまだに重要

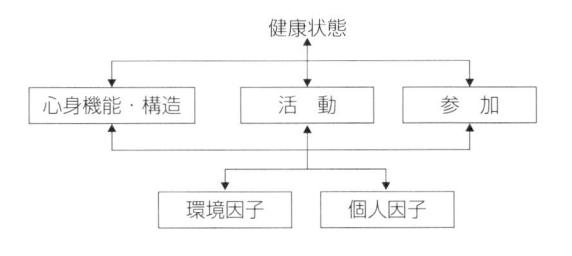

図9－1　国際生活機能分類

な意味を持っている。併せて自立の理念も重要となる。地域で暮らすといっても、親に囲い込まれた生活では自立とはいえない。また、経済的な自立、身体的な自立という意味で自立が使われれば、自立できない存在と障害者はされてしまい、保護の対象ということになってしまう。自己決定へと自立の理念が転換されたことによって、障害者自身が親から離れ、自らの望む生活を構築していく方向性が明らかとなり、このこととノーマライゼーションの理念が相まって、地域での自立生活の理念へとつながるのである。

　障害者福祉の分野では、バリアフリーという言葉がよく使われる。バリアフリーとは、例えば駅の階段のような物理的な障壁の解消を目指すということだけではない。社会福祉の支援が、人と社会をつなぐこととされるように、障害があっても、社会とつながり、様々な社会活動を行えることが、社会生活ということになる。従って、障害者の活動の場の拡大、社会参加の促進のために、物理的な障壁のみならず、心理的な障壁も除去することが、バリアフリーの理念なのである。加えて、社会福祉専門職にとって、果たすべき機能の重要なものの一つに、アドボカシーの機能がある。障害のために独力では権利の行使に困難を伴う人々を支援し、意見を代弁することがアドボカシーである。当たり前の権利の行使であっても、そこには障害者を抑圧する社会との摩擦が生じることが多い。権利とは当たり前のものとしてそこにあるというものではなく、戦いとるものであるという側面がある。社会福祉専門職は、声なき声を集め、抑圧され権利を阻害されることの多い障害者の立場に立って、社会にその声を代弁し、社会との調整や戦いの側面支援を行うことも求められているのである。

3）障害者福祉の法律・施策

　障害者福祉の法律の中心にあるのは障害者基本法であり、2011年に改正されている。障害者基本法は、その第1条に「この法律は、全ての国民が、障害の有無にかかわらず、等しく基本的人権を享有するかけがえのない個人として尊重されるものであるとの理念にのつとり、全ての国民が、障害の有無

によつて分け隔てられることなく、相互に人格と個性を尊重し合いながら共生する社会を実現するため、障害者の自立及び社会参加の支援等のための施策に関し、基本原則を定め、及び国、地方公共団体等の責務を明らかにするとともに、障害者の自立及び社会参加の支援等のための施策の基本となる事項を定めること等により、障害者の自立及び社会参加の支援等のための施策を総合的かつ計画的に推進することを目的とする。」とあるように、障害者施策の原則や国などの責務などを定めた基本法ということになる。第 3 条では、地域社会における共生の考え方が定められており、「第一条に規定する社会の実現は、全ての障害者が、障害者でない者と等しく、基本的人権を享有する個人としてその尊厳が重んぜられ、その尊厳にふさわしい生活を保障される権利を有することを前提としつつ、次に掲げる事項を旨として図られなければならない。」「全て障害者は、社会を構成する一員として社会、経済、文化その他あらゆる分野の活動に参加する機会が確保されること。」「全て障害者は、可能な限り、どこで誰と生活するかについての選択の機会が確保され、地域社会において他の人々と共生することを妨げられないこと。」「全て障害者は、可能な限り、言語（手話を含む。）その他の意思疎通のための手段についての選択の機会が確保されるとともに、情報の取得又は利用のための手段についての選択の機会の拡大が図られること。」となっている。第 2 条では、障害者の定義がなされており、「身体障害、知的障害、精神障害（発達障害を含む。）その他の心身の機能の障害（以下「障害」と総称する。）がある者であつて、障害及び社会的障壁により継続的に日常生活又は社会生活に相当な制限を受ける状態にあるものをいう。」とされている。

　障害者の定義については、身体障害者福祉法では、「この法律において、「身体障害者」とは、別表に掲げる身体上の障害がある十八歳以上の者であつて、都道府県知事から身体障害者手帳の交付を受けたものをいう」、精神保健及び精神障害者福祉に関する法律では、「この法律で「精神障害者」とは、統合失調症、精神作用物質による急性中毒又はその依存症、知的障害、精神病質その他の精神疾患を有する者をいう」とされ、知的障害者福祉法では、知的障害の法的定義はない。なお、18 歳に満たない障害児は、児童福祉法の対

象ともなる。

　このように、身体障害、知的障害、精神障害、という区分がされているが、近年、学習障害、自閉症スペクトラム障害、ADHDなどの発達障害が注目されるようになってきている。これまでの三つの障害の狭間で支援の対象となってこなかった、こうした発達障害に対して、2004年に発達障害者支援法が制定されるとともに、2007年からは特別支援教育が学校教育法に位置づけられ、発達障害のある子どもも含め、一人一人の教育的ニーズを把握し、その持てる力を高め、生活や学習上の困難を改善又は克服するため、適切な指導及び必要な支援を行うという形で、従来の特殊教育からの転換がはかられている。一方発達障害者支援法では、「自閉症、アスペルガー症候群その他の広汎性発達障害、学習障害、注意欠陥多動性障害その他これに類する脳機能の障害であってその症状が通常低年齢において発現するものとして政令で定めるもの」を発達障害とし、「この法律において「発達障害者」とは、発達障害を有するために日常生活又は社会生活に制限を受ける者をいい、「発達障害児」とは、発達障害者のうち十八歳未満のものをいう」とされている。

　障害者福祉に関わる機関とすれば、児童に対する児童相談所や福祉事務所に加え、身体障害を持つ人への専門的な相談窓口として身体障害者更生相談所、知的障害を持つ人への専門的な相談窓口として知的障害者更生相談所が設置されている。いずれも、都道府県に義務設置されている。なお、身体障害者については身体障害者手帳、知的障害者については療育手帳、精神障害者については精神障害者保健福祉手帳という手帳の制度があり、手帳を取得することにより、サービスを受けることへとつながる仕組みとなっている。

４）障害者総合支援制度

　障害者福祉施策の具体的な法律については、支援費制度が行われていたが、サービス利用の増加による財政上の問題を中心に、サービス提供体制の地域格差などの問題もあり、2005年に障害者自立支援法が障害当事者の強い反対の中、制定されることとなる。

・障害者自立支援法

① 障害者の福祉サービスを「一元化」

（サービス提供主体を市町村に一元化。障害の種類（身体障害、知的障害、精神障害）にかかわらず障害者の自立支援を目的とした共通の福祉サービスは共通の制度により提供。）

② 障害者がもっと「働ける社会」に

（一般就労へ移行することを目的とした事業を創設するなど、働く意欲と能力のある障害者が企業等で働けるよう、福祉側から支援。）

③ 地域の限られた社会資源を活用できるよう「規制緩和」

（市町村が地域の実情に応じて障害者福祉に取り組み、障害者が身近なところでサービスが利用できるよう、空き教室や空き店舗の活用も視野に入れて規制を緩和する。）

④ 公平なサービス利用のための「手続きや基準の透明化、明確化」

（支援の必要度合いに応じてサービスが公平に利用できるよう、利用に関する手続きや基準を透明化、明確化する。）

⑤ 増大する福祉サービス等の費用を皆で負担し支え合う仕組みの強化

(1)利用したサービスの量や所得に応じた「公平な負担」

(2)国の「財政責任の明確化」

が理念として提唱された。

厚生労働省「障害者自立支援法の概要」

http://www.mhlw.go.jp/topics/2005/02/tp0214-1a.html

（2019年11月 5 日アクセス）

　障害者自立支援法の導入による大きな変化が、障害程度区分の設定である。支給決定の明確化ということから、介護保険と同様、全国共通の項目で一次判定が行われ、市町村の審査会の二次判定を経て、区分 1 - 6 、非該当の障害程度区分が決定される仕組みとなった。

併せて、障害者自立支援法導入の過程で最も大きな問題となったのが利用者負担の増大である。制度開始時において、所得に応じた負担上限額を設定した上で、サービスの1割負担が利用者に求められた。また、成人の障害者についても、同一世帯の家族の収入が合算されて上限額が決められることについての批判も強く、その後の改正により、負担額の軽減等がなされ、2011年の改正では、利用者負担を原則応能負担とすることに改められた。一方、施設などを運営する社会福祉法人等にとっては、収入となる報酬の算定が、月割りから日割りとなり、運営に深刻な影響を与えた。つまり、利用者が一日休めば、その分、施設に入る報酬は減るという仕組みとなったからである。

　そのほか、障害者自立支援法では、障害福祉計画の策定が義務化されており、市町村や都道府県は必要なサービス量などを見積もり、サービス供給体制確保のための計画を立てることとなった。

　なお、「障害者自立支援法」は2013年度より、「障害者の日常生活及び社会生活を総合的に支援するための法律（障害者総合支援法）」に名称変更され、障害者の範囲に難病等が加えられるとともに、「障害程度区分」が「障害支援区分」に改められた。2014年度からは重度訪問介護の対象拡大や共同生活介護（ケアホーム）の共同生活援助（グループホーム）への一元化などが実施された。難病等が加わったことは大きな前進ではあるが、障害当事者が主張していた障害者自立支援法の抜本的改正にはほど遠いものであった。

　障害者総合支援法のシステムは、まず自立支援給付と地域生活支援事業に分けられる。自立支援給付は、介護給付、訓練等給付、相談支援などに分けられる。訓練等給付では、就労支援の強化が図られている。一方、地域生活支援事業は、地域の特性や利用者の状況に応じて柔軟に実施することにより、効率的・効果的な事業実施が可能である事業とされ、移動支援や地域活動支援センターなどが位置づけられている。

　支援費制度→障害者自立支援法→障害者総合支援法と、法制度が変わる中、障害福祉サービスの量は大きく増えた。しかし、サービスの対価となる

報酬は低く、また障害の状況によって、受けられるサービスが現実的には大きく異なり、障害児・者間での格差は拡大している。とりわけ、医療的ケアが必要な障害者のショートステイやグループホームの受け入れ不足は深刻である。

「障害福祉サービス」は、勘案すべき事項（障害の種類や程度、介護者、居住の状況、サービスの利用に関する意向等）及び
サービス等利用計画案を踏まえ、個々に支給決定が行われる「障害福祉サービス」「地域相談支援」と、市町村等の創意工夫
により、利用者の方々の状況に応じて柔軟にサービスを行う「地域生活支援事業」に大別されます。
　サービスは、介護の支援を受ける場合には「介護給付」、訓練等の支援を受ける場合は「訓練等給付」に位置づけられ、それ
ぞれ、利用のプロセスが異なります。

■ 福祉サービスに係る自立支援給付等の体系

※表中の「（者）」は「障害者」、「（児）」は「障害児」であり、
　それぞれが利用できるサービスです。

1 介護給付

① 居宅介護（ホームヘルプ）（者）（児）	自宅で、入浴、排せつ、食事の介護等を行います。
② 重度訪問介護 （者）	重度の肢体不自由者又は重度の知的障害若しくは精神障害により、行動上著しい困難を有する人で常に介護を必要とする人に、自宅で、入浴、排せつ、食事の介護、外出時における移動支援などを総合的に行います。2018（平成30）年4月より、入院時も一定の支援が可能となりました。
③ 同 行 援 護 （者）（児）	視覚障害により、移動に著しい困難を有する人に、移動に必要な情報の提供（代筆・代読を含む）、移動の援護等の外出支援を行います。
④ 行 動 援 護 （者）（児）	自己判断能力が制限されている人が行動するときに、危険を回避するために必要な支援や外出支援を行います。
⑤ 重度障害者等包括支援 （者）（児）	介護の必要性がとても高い人に、居宅介護等複数のサービスを包括的に行います。
⑥ 短期入所（ショートステイ）（者）（児）	自宅で介護する人が病気の場合などに、短期間、夜間も含め施設で、入浴、排せつ、食事の介護等を行います。
⑦ 療 養 介 護 （者）	医療と常時介護を必要とする人に、医療機関で機能訓練、療養上の管理、看護、介護及び日常生活の支援を行います。
⑧ 生 活 介 護 （者）	常に介護を必要とする人に、昼間、入浴、排せつ、食事の介護等を行うとともに、創作的活動又は生産活動の機会を提供します。
⑨ 障害者支援施設での夜間ケア等（施設入所支援）（者）	施設に入所する人に、夜間や休日、入浴、排せつ、食事の介護等を行います。

2 訓練等給付

① 自 立 訓 練 （者）	自立した日常生活又は社会生活ができるよう、一定期間、身体機能又は生活能力の向上のために必要な訓練を行います。機能訓練と生活訓練があります。
② 就労移行支援 （者）	一般企業等への就労を希望する人に、一定期間、就労に必要な知識及び能力の向上のために必要な訓練を行います。
③ 就労継続支援（A型＝雇用型、B型＝非雇用型）（者）	一般企業等での就労が困難な人に、働く場を提供するとともに、知識及び能力の向上のために必要な訓練を行います。雇用契約を結ぶA型と、雇用契約を結ばないB型があります。
④ 就労定着支援 （者）	一般就労に移行した人に、就労に伴う生活面の課題に対応するための支援を行います。
⑤ 自立生活援助 （者）	一人暮らしに必要な理解力・生活力等を補うため、定期的な居宅訪問や随時の対応により日常生活における課題を把握し、必要な支援を行います。
⑥ 共同生活援助（グループホーム）（者）	共同生活を行う住居で、相談や日常生活上の援助を行います。また、入浴、排せつ、食事の介護等の必要性が認定されている方には介護サービスも提供します。さらに、グループホームを退居し、一般住宅等への移行を目指す人のためにサテライト型住居があります。

※サテライト型住居については、早期に単身等での生活が可能であると認められる人の利用が基本となっています。
※④と⑤は2018（平成30）年の法改正により新設されました。
※サービスは期限のあるものと、期限のないものがありますが、有期限であっても、必要に応じて支給決定の更新（延長）は一定程度、可能となります。

4

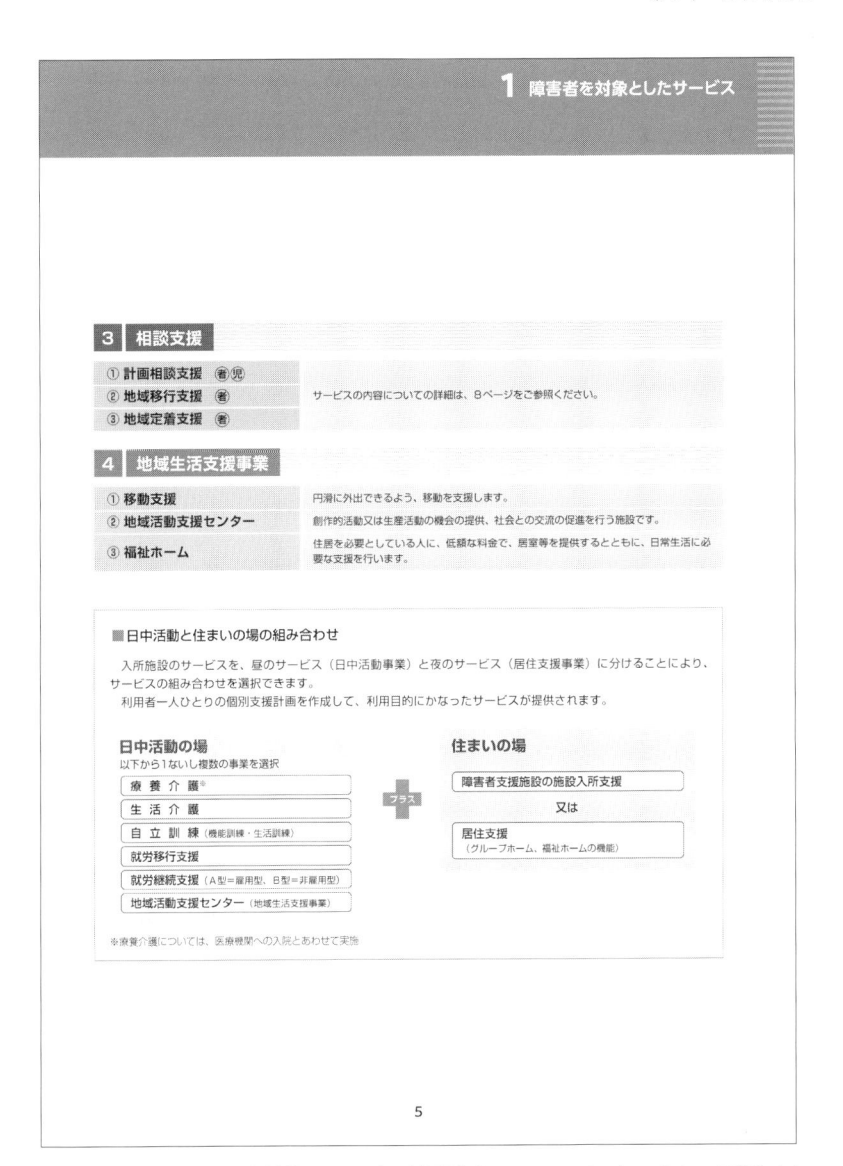

図9－2　障害者総合支援法のサービス利用説明パンフレット（2018 年 4 月版）(1)

全国社会福祉協議会 web サイト

https://www.shakyo.or.jp/news/pamphlet_201804.pdf

（2019年11月5日アクセス）

5 利用の手続き

■サービス利用までの流れ

(1) サービスの利用を希望する方は、市町村の窓口に申請し障害支援区分の認定を受けます。

(2) 市町村は、サービスの利用の申請をした方（利用者）に、「指定特定相談支援事業者」が作成する「サービス等利用計画案」の提出を求めます。

利用者は「サービス等利用計画案」を「指定特定相談支援事業者」で作成し、市町村に提出します。

(3) 市町村は、提出された計画案や勘案すべき事項を踏まえ、支給決定します。

(4) 「指定特定相談支援事業者」は、支給決定された後にサービス担当者会議を開催します。

(5) サービス事業者等との連絡調整を行い、実際に利用する「サービス等利用計画」を作成します。

(6) サービス利用が開始されます。

■支給決定プロセス

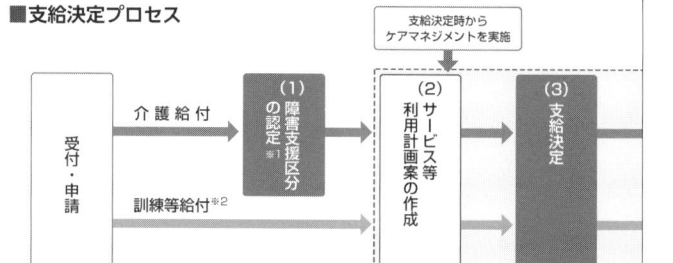

※1 同行援護の利用申請の場合
障害支援区分の認定は必要ありませんが、同行援護アセスメント調査票の基準を満たす必要があります。

※2 共同生活援助の利用申請のうち、一定の場合は障害支援区分の認定が必要です。

＊障害支援区分とは

障害支援区分とは、障害の多様な特性や心身の状態に応じて必要とされる標準的な支援の度合いを表す6段階の区分（区分1～6：区分6の方が必要とされる支援の度合いが高い）です。必要とされる支援の度合いに応じて適切なサービスが利用できるように導入されています。

調査項目は、

①移動や動作等に関連する項目（12項目）
②身の回りの世話や日常生活等に関連する項目（16項目）
③意思疎通等に関連する項目（6項目）
④行動障害に関連する項目（34項目）
⑤特別な医療に関連する項目（12項目）

の80項目となっており、各市町村に設置される審査会において、この調査結果や医師の意見書の内容を総合的に勘案した審査判定が行われ、その結果を踏まえて市町村が認定します。

障害支援区分の調査項目

１ 移動や動作等に関連する項目 [12項目]

1 寝返り
2 起き上がり
3 座位保持
4 移乗
5 立ち上がり
6 両足での立位保持
7 片足での立位保持
8 歩行
9 移動
10 衣服の着脱
11 じょくそう
12 えん下

２ 身の回りの世話や日常生活等に関連する項目 [16項目]

1 食事
2 口腔清潔
3 入浴
4 排尿
5 排便
6 健康・栄養管理
7 薬の管理
8 金銭の管理
9 電話等の利用
10 日常の意思決定
11 危険の認識
12 調理
13 掃除
14 洗濯
15 買い物
16 交通手段の利用

図9-3　障害者総合支援法のサービス利用説明パンフレット（2018 年 4 月版）(2)
全国社会福祉協議会 web サイト
https://www.shakyo.or.jp/news/pamphlet_201804.pdf
（2019年11月 5 日アクセス）

第10章　高齢者福祉

●キーワード：
　基礎年金、高齢者虐待、高齢者の医療の確保に関する法律、要介護認定、ケアマネージャー

●考えるべき課題：
　①高齢者に関わる問題にはどのようなものがあるのか？
　②高齢者虐待にはどのようなものがあるのか？
　③高齢者を支える施設や福祉サービスにはどのようなものがあるのか？
　④介護保険の認定を受け、サービスを利用するには、どのような手順が必要か？
　⑤介護保険制度には、どのような問題があるのか？

1）高齢者の生活課題

　いうまでもなく高齢化は進行している。2017年の高齢化率（65歳以上の高齢者人口が総人口に占める割合）は27.7%となっており、年々上昇している。今後、2025年に30.0%、2035年に32.8%、2055年に38.0%に達すると予測されている。高齢化の急速な進行とともに、家族の形態も大きく変化しており、高齢者世帯における単独世帯の割合も増加している。つまり、高齢者が子どもや孫とともに暮らすという家族のイメージから、高齢者のみの世帯や高齢者単身の世帯へのイメージへと家族の形態は変わりつつあり、高齢化の進行とあいまって、介護問題など高齢化に関わる問題は深刻化しているといえる。

　高齢者というと介護問題というイメージがあるが、中心となるのはやはり経済的問題である。経済的な苦境にあえぐ若年層に対して、豊かな高齢者というイメージが語られることも多いが、高齢者間には深刻な経済格差がある。高齢者も障害者と同様、「高齢者」とひとくくりにされることが多いが、一人一人が歩んできた人生には固有のものがあり、高齢に至るまでの道のり

の違いによって、家族の状況や、資産・年金などの経済状況も全く異なって
くる。また医療や介護の必要性や状況も一人一人に固有のものであり、高齢
者福祉を論ずるにあたっては、高齢者の個別性と歩んできたヒストリーへの
理解と共感が何よりも求められる。さて、高齢者の経済的問題を支えるのは
年金制度である。年金制度は図のように、まず国民全体をカバーする国民年
金（基礎年金）を 1 階部分とし、第 1 号被保険者、第 2 号被保険者、第 3 号

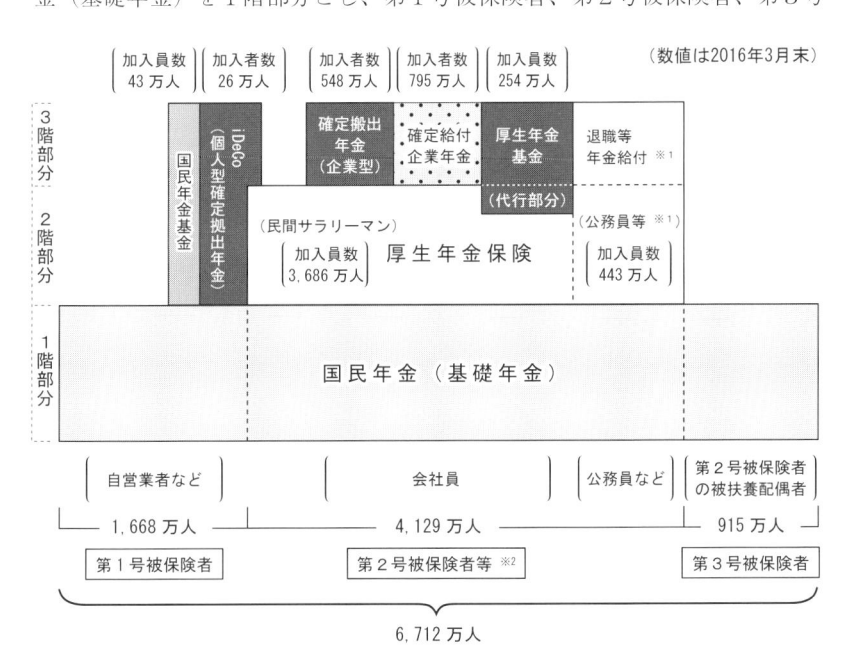

図 10 − 1　年金制度のしくみ

厚生労働省 web サイト「公的年金制度の仕組み」

https://www.mhlw.go.jp/wp/hakusyo/kousei/17/backdata/01-03-01-01.html

（2019年11月 5 日アクセス）

被保険者とそれぞれに応じて、厚生年金など2階部分がのる形となっている。例えばサラリーマンである第2号被保険者の場合、基礎年金に上乗せされて厚生年金が支給されるという形になる。高齢になった場合に支給される基礎年金部分が老齢基礎年金である。20歳から60歳になるまでの40年間の全期間保険料を納めた場合、65歳から満額の老齢基礎年金が支給される。保険料を全額免除された期間の年金額は1／2（平成21年3月分までは1／3）となるが、保険料の未納期間は年金額の計算の対象期間にならない。満額受給の場合、平成31年度では年額780,100円となっている。従って、1階部分においても、満額受給なのかそうでないのか、2階部分があるのかないのか、など様々な状況によって受給する年金額には様々なものがあり、一律に高齢者の受給額が多いとか少ないとかの議論はできない。

　高齢者の経済的問題に直結するのが医療費の問題である。高度経済成長期には、高齢者医療の無料という時代もあったが、医療費増加の抑制政策がとられており、医療費の自己負担は増大している。また介護保険の利用料の原則1割負担や、月々の介護保険料の負担など、低所得の高齢者の経済問題には厳しいものがある。加えて、日本の住宅政策は先進諸外国にくらべて遅れており、苦しい中での賃貸住宅の家賃の負担などの問題もある。

　経済的な問題に加え、深刻化しているのが介護問題である。介護問題は高齢者問題ということでもあるが、介護する家族の介護負担の問題としてもクローズアップされている。2000年に導入された介護保険制度は、高齢者の家族介護負担の軽減という文脈での制度導入でもあった。加齢に伴い、食事、入浴、排泄、衣服の着脱などのADLに介護が必要となるとともに、認知症の進行など、高齢者に対する介護需要は、高齢化の進展とともに高まっている。また、家族構造の変化に伴い、高齢者を家族が介護するというのも現実的に無理な状況がひろがっており、高齢者が高齢者を介護する老老介護や、認知症の高齢者が認知症の高齢者を介護する認認介護などの言葉も広がっている。

2）高齢者福祉の理念

　老人福祉法第2条では、「老人は、多年にわたり社会の進展に寄与してきた者として、かつ、豊富な知識と経験を有する者として敬愛されるとともに、生きがいを持てる健全で安らかな生活を保障されるものとする。」とその理念がうたわれている。高齢者は、単に介護を必要とする存在であるとか、保護すべき存在であるとかいうこと以前に、それまで生きてきた人生への敬意と、今のそして今後の社会とのつながりの中で、社会的存在としての位置づけを得、生きがいを持って社会生活を送っていくべき存在ということになる。そのためには、持てる能力を発揮して社会に貢献できるような仕組みが必要となる。老人福祉法第3条では、「老人は、老齢に伴つて生ずる心身の変化を自覚して、常に心身の健康を保持し、又は、その知識と経験を活用して、社会的活動に参加するように努めるものとする。」「老人は、その希望と能力とに応じ、適当な仕事に従事する機会その他社会的活動に参加する機会を与えられるものとする。」と述べられており、例え介護や医療の支援を受けようとも、社会に参加し、社会に働きかける存在であり続けるところに核心がある。

　しかし、そうした理念に関わらず、高齢者虐待の事例も後を絶たない。2005年には「高齢者虐待の防止、高齢者の養護者に対する支援等に関する法律」が制定されている。この法律において、「高齢者虐待」とは、養護者による高齢者虐待及び養介護施設従事者等による高齢者虐待をいうとされており、養護者による具体的な虐待としては、

①高齢者の身体に外傷が生じ、又は生じるおそれのある暴行を加えること（身体的虐待）。

②高齢者に対する著しい暴言又は著しく拒絶的な対応その他の高齢者に著しい心理的外傷を与える言動を行うこと（心理的虐待）。

③高齢者にわいせつな行為をすること又は高齢者をしてわいせつな行為をさせること（性的虐待）。

④養護者又は高齢者の親族が当該高齢者の財産を不当に処分することその

他当該高齢者から不当に財産上の利益を得ること（経済的搾取）。

⑤高齢者を衰弱させるような著しい減食又は長時間の放置、養護者以外の同居人による①②③に掲げる行為と同様の行為の放置等養護を著しく怠ること（ネグレクト）。

の5種類に分類されている。児童虐待と比較し、虐待に関する法律名称の中に「高齢者の養護者に対する支援」という言葉が入っている通り、介護者を支援することを通して虐待を防止する、逆にいえば、支援がなく介護者が介護を抱え込むことの中で虐待が生じるという組み立てになっている。しかし、広く社会に目を転じてみれば、判断能力の劣った高齢者に対して、不当に高額な商品を売り込むであるとか、リスクの高い商品の契約を結ばせるとかの悪徳な業者、高齢者を福祉サービスの名の下に抱え込み、高齢者が受け取るべき年金を搾取する業者など、高齢者を取り巻く厳しい社会の環境もある。高齢者が尊厳を持って、社会の中で生活していくには、家族を通しての支援ということではなく、高齢者一人一人に直接届くような形、具体的個別的な生活を支えていく支援のメニューと、支援のメニューをつなぐシステムが求められている。

3）高齢者福祉の法律・施策

　高齢者福祉の中心にあるのは、先に紹介した老人福祉法である。老人福祉法では、高齢者福祉の理念などが述べられており、社会福祉六法の一つに数えられている。この老人福祉法を中心に、医療については、それまでの老人保健法にかわって、2008年より「高齢者の医療の確保に関する法律」が、介護については「介護保険法」が対応している。高齢者の医療の確保に関する法律の目的は、第1条で「この法律は、国民の高齢期における適切な医療の確保を図るため、医療費の適正化を推進するための計画の作成及び保険者による健康診査等の実施に関する措置を講ずるとともに、高齢者の医療について、国民の共同連帯の理念等に基づき、前期高齢者に係る保険者間の費用負担の調整、後期高齢者に対する適切な医療の給付等を行うために必要な制度

を設け、もつて国民保健の向上及び高齢者の福祉の増進を図ることを目的とする。」とされている。この法律では、医療費の適正化の推進のために、医療費適正化基本方針、全国医療費適正化計画について定められるとともに、前期高齢者（65-74歳）に係る保険者間の費用負担の調整、後期高齢者に対する適切な医療の給付等を行うために必要な制度（後期高齢者とは75歳以上）について定められている。

　介護保険については後述するとして、それ以外には、高齢社会対策の基本理念や、国及び地方公共団体の責務を明らかにする高齢社会対策基本法が定められている。

　高齢者福祉の施設としては、まずは大きく入所型、通所型、利用型に分けられる。老人福祉法における入所施設は、養護老人ホーム、特別養護老人ホーム、軽費老人ホーム、老人短期入所施設に分けられる。養護老人ホームは、「65歳以上の者であつて、環境上の理由及び経済的理由（政令で定めるものに限る。）により居宅において養護を受けることが困難なもの」を対象にすることになっている。特別養護老人ホームは、「65歳以上の者であつて、身体上又は精神上著しい障害があるために常時の介護を必要とし、かつ、居宅においてこれを受けることが困難なもの」を対象にすることとなっている。これ以外にも、老人福祉施設ではないが、有料老人ホームがあり、老人福祉法に定めがある。通所型としては日帰り介護施設である老人デイサービスセンターが、利用施設としては、老人福祉センターなどがある。なお、介護保険上の施設としては、先にあげた特別養護老人ホームが指定介護老人福祉施設として、その他、介護老人保健施設、介護医療院がある。この他、訪問系の福祉サービスとしてホームヘルプサービス（訪問介護）、老人居宅生活支援事業として、老人居宅介護等事業、老人デイサービス事業、老人短期入所事業、小規模多機能型居宅介護事業、認知症対応型老人共同生活援助事業、複合型サービス福祉事業がある。

　在宅福祉サービスは、地域で生活する高齢者を支えるものであり、1990年代以降、その拡充に力が入れられてきた。1989年のゴールドプラン、1994年の新ゴールドプラン、1999年のゴールドプラン21と、高齢者の福祉計画の中

表 10 - 1　ゴールドプラン 21 の目標値

	新ゴールドプランの目標値	ゴールドプラン21の目標値
ホームヘルプサービス（訪問介護）	17万人	35万人
訪問看護ステーション	5,000か所	9,900か所
デイサービス／デイ・ケア	1.7万か所	2.6万か所
ショートステイ	6万人分	9.6万人分

で、ホームヘルプサービス、ショートステイ、デイサービスは在宅を支える3本柱として強化が図られてきた。新ゴールドプランと比較して、ゴールドプラン21では、表10-1のような目標が掲げられた。

4）介護保険制度

　続いて介護保険制度である。介護保険制度は、高齢化の進展に伴い要介護高齢者の増加、介護期間の長期化など介護ニーズの増大、核家族化の進行や介護する家族の高齢化など要介護高齢者を支えてきた家族をめぐる状況の変化などから、高齢者の介護を社会で支え合う仕組みとして、2000年に導入された制度である。

　図にあるように、市町村を保険者として、財源は税金と保険料それぞれ50％ずつから成り立っている。被保険者は、65歳以上の第1号被保険者、40歳から64歳までの第2号被保険者から構成されており、保険料を支払っている。介護保険のサービスを利用できるのは、介護が必要となった第1号被保険者と、定められた特定の疾患のために介護を要する状態になった第2号被保険者となっている。

　介護保険を利用するためには、まず市町村の窓口で申請する。そして訪問調査員による認定調査を受ける。認定調査の結果は、主治医による意見書と併せてコンピュータによる一次判定を受ける。一次判定の結果を踏まえて、介護認定審査会が開かれ、二次判定が行われ、要介護1から5、要支援1から2、自立（非該当）という要介護度が決定される。要支援1は、要介護状態とは認められないが、社会的支援を必要とする状態とされ、要支援2・要

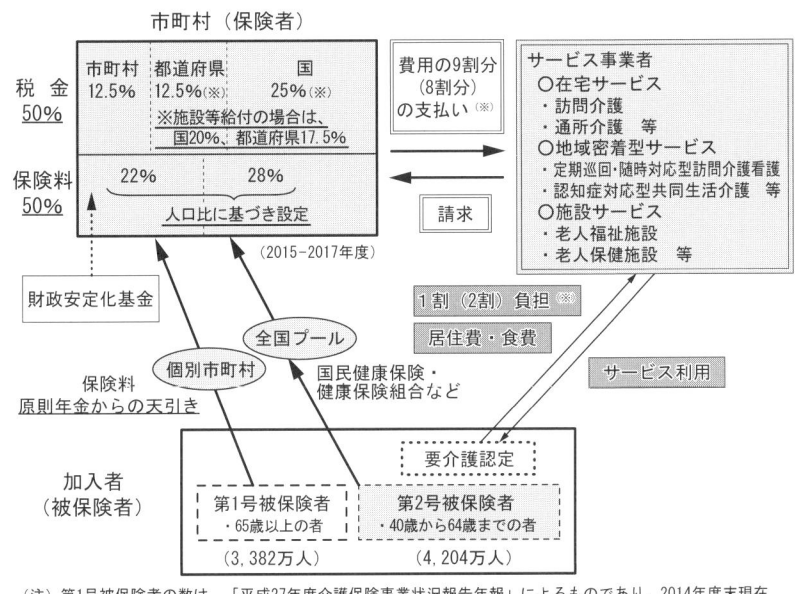

市町村（保険者）

税金 50%	市町村 12.5%	都道府県 12.5%（※）	国 25%（※）

※施設等給付の場合は、国20％、都道府県17.5％

保険料 50%	22%	28%

人口比に基づき設定

（2015-2017年度）

財政安定化基金

保険料
原則年金からの天引き

個別市町村　全国プール　国民健康保険・健康保険組合など

費用の9割分（8割分）の支払い（※）

請求

サービス事業者
○在宅サービス
・訪問介護
・通所介護　等
○地域密着型サービス
・定期巡回・随時対応型訪問介護看護
・認知症対応型共同生活介護　等
○施設サービス
・老人福祉施設
・老人保健施設　等

1割（2割）負担（※）
居住費・食費

サービス利用

加入者
（被保険者）

要介護認定

第1号被保険者 ・65歳以上の者	第2号被保険者 ・40歳から64歳までの者
（3,382万人）	（4,204万人）

（注）第1号被保険者の数は、「平成27年度介護保険事業状況報告年報」によるものであり、2014年度末現在の数である。
　　　第2号被保険者の数は、社会保険診療報酬支払基金が介護給付費納付金額を確定するための医療保険者からの報告によるものであり、2014年度内の月平均値である。

※2015年8月以降、一定以上所得者については費用の8割分の支払い及び2割負担。

図 10 － 2　介護保険制度の仕組み

厚生労働省 web サイト「介護保険制度の仕組み」

https://www.mhlw.go.jp/wp/hakusyo/kousei/17/backdata/01-03-01-14.html

（2019年11月５日アクセス）

介護１は生活の一部について部分的に介護を要する状態、要介護５は最重度の介護を要する状態とランクづけられている。要支援の場合は介護予防給付サービスを、要介護の場合は介護給付サービスを受けることとなる。要介護度に応じて介護保険で利用できる金額の上限が決まっている。介護認定の結果がでれば、どのような介護サービスをいつ、どの程度利用するかの計画を決めることとなる。これがケアプランである。介護予防のケアプランは、原則として地域包括支援センターで作ることとなる。要介護のケアプランは、

介護サービスの利用計画（ケアプラン）を利用者である高齢者やその家族が指定居宅介護支援事業者を選び、そこの介護支援専門員（ケアマネージャー）が作成することとなる。ケアマネージャーは、利用者である高齢者や家族の状況などをアセスメントし、ニーズを明らかにして、各種の介護保険サービスや、その他インフォーマルなサービスなどとを組み合わせて、利用者の自立や生活向上のためのケアプランを作成することとなる。この利用者のニーズと社会資源とを結びつける手続きがケアマネジメントと呼ばれる技術である。

なお、介護給付として利用可能なサービスは、施設サービスとしては先にあげた指定介護老人福祉施設、介護老人保健施設など、それに訪問介護やデイサービスなどの居宅サービス、小規模多機能型居宅介護などの地域密着型サービスなどがある。予防給付には、介護予防デイケア、介護予防短期入所療養介護などがある。

介護保険は介護を家族から社会に移すものとされたが、介護保険で適用されるサービスだけで、在宅の高齢者を支えていくのには難しい水準にあり、家族による在宅介護を組み込んだ水準であるといわれてきた。介護保険は在宅福祉を重視していたにも関わらず、在宅福祉サービスの水準から相対的にサービス量が多い施設入所への希望が増大する事態が続いてきた。特別養護老人ホームの入所待ちは深刻な問題となっている。一方、介護保険の財源問題は常に深刻な問題となり、保険者である市町村の財政問題となっている。そこで、介護保険制度は改正を重ね、サービス利用の抑制を目指してきた。しかし、高齢者のみや、高齢者単身世帯の増加などの家族構造の変化から、家族の介護力込みの在宅支援を期待することは、現実的に不可能になりつつある。また、財源問題や、福祉の在り方の問題として、入所施設を拡充していく方向というのもなかなか難しいものがある。例え要介護で一人暮らしでも、安心して自宅で暮らしていけるような形に、介護保険をどう持っていくか、介護保険は大きな転換期に来ている。2011年の介護保険法改正では、訪問介護と訪問看護の両サービスを24時間体制で提供する「定期巡回・随時対応型訪問介護看護」が創設されるとともに、訪問看護と小規模多機能型居宅

介護を同一の事業所で運営できる「複合型サービス」などの地域密着型サービスが盛り込まれた。

　なお、2015年度より介護保険は大きく制度改正され、①予防給付のうち、訪問介護と通所介護を予防給付から市町村が取り組む地域支援事業に移行する、②特別養護老人ホームの新規入所者を原則、要介護3以上にする、③一定以上所得のある利用者の自己負担額を1割負担から2割負担に引き上げる。介護保険制度維持のため、自己負担増やサービスの制限が拡大しており、利用者へ与える影響は大きい。

第 11 章　医療福祉

●キーワード：
　医療費抑制、医療ソーシャルワーカー、調整援助、退院援助、社会復帰援助

●考えるべき課題：
　①医療費抑制政策は、患者・家族にどのような影響を与えているのか？
　②患者を取り巻く問題にはどのようなものがあるのか？
　③医療ソーシャルワーカーはどのような視点に立つのか？
　④医療ソーシャルワーカーの職務とはどのようなものか？
　⑤医療福祉の課題にはどのようなものがあるのか？

1）医療を取り巻く状況

　高齢化の進展や生活習慣病の増加などに伴い、人の生活における医療の比重はますます高まっている。一時期に医療の世話になるということから、慢性化、長期化の中で、医療と付き合いながらの生活をどう組み立てていくかが国民的な課題となっている。一方、医療の発達に伴い、救える命が増えるとともに、疾病や障害の重度化も進行している。ターミナルケアの問題も含め、人が生き、死ぬことの中に医療をどう位置づけていくのか、単に病気を治すという次元を超えて、医療の進歩は医療を生活や人生の中でとらえざるを得ない状況を作っている。

　高齢化や重度化の中で医療費は増大しており、増大する医療費をどうまかなっていくかが国家財政の問題として大きな課題となっている。度重なる制度変更が実施され、医療費の抑制政策が様々にとられてきた。高齢者の自己負担も増大してきている。そして病院での在院日数の減少が求められ、大きく医療から福祉へという流れが政策的に作られてきた。医療保険財政の悪化を抑制する一つとして介護保険も導入され、在宅諸サービスの充実が図られ、病院から家庭へという政策誘導がなされている。在宅医療の進展、訪問看護の拡大など医療が病院という場から、家庭へと広がっている。医療が人

の生活、家庭へと拡大する中、生活支援としての社会福祉の役割はますます高まらざるを得ない。

2）医療福祉の意義

　医療場面においては、様々な生活問題が発生する。そして、問題は複雑に入り組むこととなる。大きく問題は、経済的問題、社会的問題、心理的問題に分けられる。経済的問題としては、まずは医療費の問題がある。医療にかかることで、医療費をどのように負担するのか、あるいは稼ぎ手の入院による収入が断たれた家庭に対して、どのような支援ができるのか、人が医療との接点を持つ時、経済的な問題にまずは直面する。そこで、様々な制度を活用して、医療を受けることができるようにする支援が求められる。続いて、様々な社会的問題がある。家族の誰かが入院することで、家族全体は大きく影響を受ける。家庭で何らかの役割を果たしていた人間の入院により、その役割をどのように埋めていくのか、家族役割の再調整が求められる。治療方針をめぐっての家族間での意見の相違もある。患者と家族の間に、治療などの方向性をめぐって考え方の相違があれば、どう調整していくのかという課題もある。また在院日数を減らすという中、転院や家庭に戻ることが求められる。家庭に戻るとなれば、退院してくる人をどのように家庭で支えていくのか、様々な社会資源を導入して、それらのネットワークを組んでいく必要に迫られる。退院後の住宅や経済的な問題への支援が必要となる場合もある。入院、退院という状況の中、その人の社会生活をどう組み立てていくのかが問われるのである。最後に心理的な問題がある。病気、あるいは死というものをどう受け止めていくのか、医療場面においては、患者自身や家族に受容が迫られることが多くある。現実を受け止めた上で、これからの生活、人生をどう描いていくのか、そこへの側面からの支援も求められている。

　医療の基本は治療（cure）であるが、社会福祉の視点は care である。患者を患者としてではなく、生活者としてとらえ、その主体性を尊重し、その力を引き出していく所に特徴がある。医療の対象者としてとらえるのではな

く、医療というサービスを活用しながら、自分の生活や人生を組み立ててい
く主体としてとらえる所に医療福祉の特徴がある。

3）医療福祉の担い手

　医療福祉の担い手は、医療ソーシャルワーカー（Medical Social Worker）
と呼ばれる。医療ソーシャルワーカーは、病院などの医療保健機関において、
社会福祉の立場に立って、患者や家族などの経済的、社会的、心理的な諸問
題を解決・支援し、社会復帰を図る役割を担っている。2002年の厚生労働省
保険局長通知「医療ソーシャルワーカー業務指針」においては、医療ソーシャ
ルワーカーの業務の範囲は以下のように定められている。

　①療養中の心理的・社会的問題の解決、調整援助
　入院、入院外を問わず、生活と傷病の状況から生ずる心理的・社会的問題
の予防や早期の対応を行うため、社会福祉の専門的知識及び技術に基づき、
これらの諸問題を予測し、患者やその家族からの相談に応じ、次のような解
決、調整に必要な援助を行う。
・受診や入院、在宅医療に伴う不安等の問題の解決を援助し、心理的に支援
　すること。
・患者が安心して療養できるよう、多様な社会資源の活用を念頭に置いて、
　療養中の家事、育児、教育就労等の問題の解決を援助すること。
・高齢者等の在宅療養環境を整備するため、在宅ケア諸サービス、介護保険
　給付等についての情報を整備し、関係機関、関係職種等との連携の下に患
　者の生活と傷病の状況に応じたサービスの活用を援助すること。
・傷病や療養に伴って生じる家族関係の葛藤や家族内の暴力に対応し、その
　緩和を図るなど家族関係の調整を援助すること。
・患者同士や職員との人間関係の調整を援助すること。
・学校、職場、近隣等地域での人間関係の調整を援助すること。
・がん、エイズ、難病等傷病の受容が困難な場合に、その問題の解決を援助

すること。
・患者の死による家族の精神的苦痛の軽減・克服、生活の再設計を援助すること。
・療養中の患者や家族の心理的・社会的問題の解決援助のために患者会、家族会等を育成、支援すること。

②退院援助

　生活と傷病や障害の状況から退院・退所に伴い生ずる心理的・社会的問題の予防や早期の対応を行うため、社会福祉の専門的知識及び技術に基づき、これらの諸問題を予測し、退院・退所後の選択肢を説明し、相談に応じ、次のような解決、調整に必要な援助を行う。
・地域における在宅ケア諸サービス等についての情報を整備し、関係機関、関係職種等との連携の下に、退院・退所する患者の生活及び療養の場の確保について話し合いを行うとともに、傷病や障害の状況に応じたサービスの利用の方向性を検討し、これに基づいた援助を行うこと。
・介護保険制度の利用が予想される場合、制度の説明を行い、その利用の支援を行うこと。また、この場合、介護支援専門員等と連携を図り、患者、家族の了解を得た上で入院中に訪問調査を依頼するなど、退院準備について関係者に相談・協議すること。
・退院・退所後においても引き続き必要な医療を受け、地域の中で生活をすることができるよう、患者の多様なニーズを把握し、転院のための医療機関、退院・退所後の介護保険施設、社会福祉施設等利用可能な地域の社会資源の選定を援助すること。なお、その際には、患者の傷病・障害の状況に十分留意すること。
・転院、在宅医療等に伴う患者、家族の不安等の問題の解決を援助すること。
・住居の確保、傷病や障害に適した改修等住居問題の解決を援助すること。

③社会復帰援助

退院・退所後において、社会復帰が円滑に進むように、社会福祉の専門的知識及び技術に基づき、次のような援助を行う。

・患者の職場や学校と調整を行い、復職、復学を援助すること。

・関係機関、関係職種との連携や訪問活動等により、社会復帰が円滑に進むように転院、退院・退所後の心理的・社会的問題の解決を援助すること。

④受診・受療援助

入院、入院外を問わず、患者やその家族等に対する次のような受診、受療の援助を行う。

・生活と傷病の状況に適切に対応した医療の受け方、病院・診療所の機能等の情報提供等を行うこと。

・診断、治療を拒否するなど医師等の医療上の指導を受け入れない場合に、その理由となっている心理的・社会的問題について情報を収集し、問題の解決を援助すること。

・診断、治療内容に関する不安がある場合に、患者、家族の心理的・社会的状況を踏まえて、その理解を援助すること。

・心理的・社会的原因で症状の出る患者について情報を収集し、医師等へ提供するとともに、人間関係の調整、社会資源の活用等による問題の解決を援助すること。

・入退院・入退所の判定に関する委員会が設けられている場合には、これに参加し、経済的、心理的・社会的観点から必要な情報の提供を行うこと。

・その他診療に参考となる情報を収集し、医師、看護師等へ提供すること。

・通所リハビリテーション等の支援、集団療法のためのアルコール依存症者の会等の育成、支援を行うこと。

⑤経済的問題の解決、調整援助

入院、入院外を問わず、患者が医療費、生活費に困っている場合に、社会福祉、社会保険等の機関と連携を図りながら、福祉、保険等関係諸制度を活

用できるように援助する。

⑥地域活動

　患者のニーズに合致したサービスが地域において提供されるよう、関係機関、関係職種等と連携し、地域の保健医療福祉システムづくりに次のような参画を行う。

・他の保健医療機関、保健所、市町村等と連携して地域の患者会、家族会等を育成、支援すること。

・他の保健医療機関、福祉関係機関等と連携し、保健・医療・福祉に係る地域のボランティアを育成、支援すること。

・地域ケア会議等を通じて保健医療の場から患者の在宅ケアを支援し、地域ケアシステムづくりへ参画するなど、地域におけるネットワークづくりに貢献すること。

・関係機関、関係職種等と連携し、高齢者、精神障害者等の在宅ケアや社会復帰について地域の理解を求め、普及を進めること。

　医療ソーシャルワーカーは、面接という場を重視して、患者や家族の様々な相談にのり、問題解決を支援していく。その際には、患者・家族との信頼関係を大切にし、患者の主体性を尊重する。医療場面における患者の立場は弱いものとなりがちである。医療の受け手として、主体的に自己決定し、意思を表明していくのには難しい環境に置かれている。また、家族の様々な考えがある中で、家族に遠慮をして、自分の意見をいえなかったり、家族の意思に合わせたりなど、家族の中でも弱い立場に置かれがちである。医療ソーシャルワーカーは、何よりも患者の立場に立ち、生活者、主体者としての患者の立場を代弁する役割を担っている。最後に、医療場面では様々な専門職がチームとして関わることとなる。また、患者や家族の問題解決の支援のためには、病院内外の様々な社会資源との関わりが必要になってくる。医療ソーシャルワーカーは、患者・家族の立場に立って、そうした様々な職種や社会資源との連絡調整を図り、支援のネットワークを構築していく役割を

担っている。

４）医療福祉の課題

　医療は大きく患者主体に転換し、インフォームドコンセントなど、患者の意思や自己決定を尊重する方向に移行している。しかし、医療現場における医師の立場の強さはやはり大きく、治療・患者という視点と、社会福祉の支援・生活者という視点とはやはりズレがある。こうしたズレもありうる専門職間を患者・家族の立場に立って調整を図らなければならいのが、医療ソーシャルワーカーであり、そこに難しさもある。医療の価値観と福祉の価値観の折り合いを付けながら、患者・家族の意思を代弁し、その生活・人生を支援していく。医療ソーシャルワーカーの専門性が問われる所である。また、医療ソーシャルワーカーが、病院という機関に所属している以上、病院という組織の論理と専門職の倫理との葛藤の場面はあり得る。医療費抑制政策の中、病院経営の視点からは、ベッド管理、退院促進などが求められ、そうした役割の一端を医療ソーシャルワーカーが担うことにもなる。先の問題も含め、病院という組織の中で、どう医療ソーシャルワーカーの地位と権限を高めていくのかという課題がある。最後に、社会福祉実践においては共通することだが、患者本人と家族との考え方の相違の問題がある。特に医療場面においては、治療方針をめぐって、両者の考え方がぶつかることもある。医療ソーシャルワーカーは、弱い立場に置かれている人の代弁の機能を果たすことが求められている。患者が自分の意思を表明し、納得して結論を出していけるように、患者・家族を支援していくことが求められている。

第12章　教育福祉

●キーワード：
家族機能の弱体化、個人と環境の交互作用、スクールソーシャルワーカー、
スクールソーシャルワーカー活用事業、ネットワークの構築・連携・調整

●考えるべき課題：
①子どもの教育を取り巻く環境はどのようになっているのか？
②教育福祉の対象とする問題には、どのようなものがあるのか？
③スクールソーシャルワーカーはどのような視点に立つのか？
④スクールソーシャルワーカーの果たすべき職務はどのようなものか？
⑤教育福祉の課題にはどのようなものがあるのか？

1）教育を取り巻く状況

　教育を取り巻く状況は近年大きく変化している。一億総中流といわれた時代ははるか遠くとなり、格差の拡大、非正規雇用の拡大など、家庭を取り巻く状況は悪化している。そうした中、教育にかけられる費用の格差も拡大し、親の収入の高低が子どもの教育への投資に直結し、貧困の再生産という事態が進行している。家族の機能も弱体化し、貧困、暴力など様々な問題が家族に噴出している。学齢期の子どもは教育の対象ということではあるが、教育と連関する家族における様々な問題は、子どもの教育環境の悪化に直結している。問題が複雑化し、複数の問題を抱え込む多問題家族の増加は、教育という場で問題を噴出させており、教育の範疇を超えての支援が必要となっている。

　そうした状況の中、2005年の中央教育審議会の答申を受け、義務教育の構造改革が進められた。そこでは、義務教育の使命として「確かな学力」「豊かな心」「健やかな体」のバランスのとれた育成が求められ、これら三つを統合した「生きる力の育成」がうたわれた。生きる力の育成は、学校だけで成し遂げられるものではなく、家庭や地域と学校との連携がますます求めら

れるようになっている。しかし、一方の家庭や地域の力は弱まっている。家庭や地域の力を取り戻し、子どもの生きる力へと結びつけていくには、教育を学校だけではなく、広く家庭や地域の中でとらえなおし、子どもを教育の対象としてのみとらえるのではなく、家庭や地域の中で育つ生活者としてとらえ、取り巻く環境にも働きかけていく社会福祉の役割がますます重要である。

2）教育福祉の意義

　教育場面において明らかになる子どもや家庭の問題には様々ある。不登校や引きこもり、あるいはいじめや非行の問題など、子ども同士の集団や家庭も含めての様々な問題がある。また、家庭での虐待、家庭の経済的問題などが子どもを通して表れてくる。このように、子どもが学校生活を送るうえでは様々な困難があり、子どもが学校という教育制度との社会関係を結んでいくための支援が必要となる。教育の機会均等という憲法で定められた権利を実質的に保障する役割を担うことが社会福祉には必要になる。また、不登校の子どもを学校に登校できるようにするといった社会への適応を目指すのが教育福祉ではない。何よりも子どもの人権をまもり、社会正義を実現する役割を担っている。いじめや虐待は深刻な人権侵害であり、著しく社会正義に反する行為である。子どもたちをまもり、教育を受ける権利を保障していく役割を教育福祉は担っている。

　社会福祉の視点は、子どもを問題の要因であるとか、指導の対象という形ではみない。子どもを一人の人間、権利主体としてとらえ、子ども自身の主体性の尊重、意思の尊重の視点のもと、その権利をまもり、その力を引き出していく視点に立つ。子どもに顕在化している問題を、家族というシステムや教育というシステム、さらには社会というシステムの中でとらえ、子どもという個人の病理としてとらえるのではなく、個人と環境の交互作用の視点に立つ。問題の背景には、家族機能の弱体化・養育機能の低下や地域社会の解体といった環境要因がある。教育はややもすると子ども個人に焦点を絞り

がちであるが、問題が複雑化する中では、子ども個人に焦点をあてることや、個人の内面心理にだけ着目した援助では、問題をつかみきれない。子どもを社会の中でとらえ、その権利をまもり、社会生活を支援していく所に教育福祉の特徴がある。

3）教育福祉の担い手

　教育福祉の担い手は、スクールソーシャルワーカー（School Social Worker）と呼ばれる。スクールソーシャルワーカーは、教育機関において、社会福祉の立場に立って、子どもたちの人権をまもり、子どもたちの利益を第一に、子どもたちと一緒に問題解決に取り組む役割を担っている。平成20年度より、スクールソーシャルワーカー活用事業が実施されている。

　職務内容としては、以下のようにまとめられている。

　① 問題を抱える児童生徒と児童生徒が置かれた環境への働き掛け（個人＝ミクロへのアプローチ）

・いじめ、暴力行為、不登校など、児童生徒の問題行動等や児童虐待における家族、友人関係、学校、関係機関、地域等への働き掛け
・児童生徒との面接や家庭訪問等の相談活動
・児童生徒への相談活動等に関する情報収集・提供、アセスメント（見立て）及びプランニング（手立て）
・保護者、教職員等への関係機関や地域の社会資源に関する情報提供又は紹介等
・保護者と教職員の間の調整、橋渡し
・保護者、教職員等への相談援助

　② 学校内におけるチーム支援体制の構築、支援（学校組織＝メゾへのアプローチ）
・ケース会議への参加とケースのアセスメント（見立て）及び、問題解決の

プランニング（手立て）へのサポート
・社会福祉等の専門的視点に基づく具体的支援に向けてのコンサルテーション（専門家による指導・助言を含めた検討）
・校内支援チーム体制作りの支援活動
・学校現場での有用な支援方法やソーシャルワークに関する知識・技術に関する研修

③ 関係機関とのネットワークの構築、連携・調整（自治体の体制＝マクロへのアプローチ）
・児童生徒及び家庭環境等に関する情報を基に、関係機関と連携した学校支援体制の構築等
・関係機関への訪問、電話による情報交換、打合せ

④ いじめ防止などの問題行動等への対応
・いじめ防止に積極的に関わるとともに、いじめをした児童生徒とその対象となった児童生徒に関するアセスメント（見立て）及びプランニング（手立て）により、いじめの解消や再発防止を支援
・いじめ防止対策推進法第22条における「学校におけるいじめ防止等の対策のための組織」の一員として、同法に基づく対応を支援
・不登校、暴力行為などへの対応について、SCのカウンセリングとコンサルテーションを踏まえた関係機関との連携支援

文部科学省「SSW ガイドライン（素案）」
http://www.mext.go.jp/b_menu/shingi/chousa/shotou/120/shiryo/__icsFiles/afieldfile/2016/04/04/1368860_04.pdf

（2019年11月５日アクセス）

　スクールソーシャルワーカーは、何よりも子どもの立場に立ち、子どもの意思を代弁する立場に立つ。そして、カウンセラーがどちらかというと、子どもの内面の心理的問題に注目するのに対し、人と環境の交互作用に着目するというエコロジカルアプローチの視点に立って、人と環境の双方に働きかける所に特徴がある。不登校や引きこもりといった場合、それはその子ども個人の問題ということにされ、学校という環境への適応が求められることが多い。しかし、それは適応すべきとされる環境の側の問題との交互作用によって、不適応という問題が表面化しているともいえる。個人が変われば問題は解決するというものではない。環境には、学校、家庭、地域、社会といった環境があり、そうした環境にもスクールソーシャルワーカーは働きかけていくのである。また、医療機関や児童相談所などの行政機関など、様々な外部の機関も社会資源として子どもの支援のためには必要となってくる。子どもを中心として、様々な関係機関、社会資源と関わることになるため、子どもの利益を第一に考える立場に立って、連携、調整を行い、支援のネットワークの構築を図る役割をスクールソーシャルワーカーは担っている。

４）教育福祉の課題

　学校を家庭や地域に開かれたものにしていこうという方向性で進んではいるが、学校はまだまだ閉鎖的な傾向があり、教育以外の他の専門職や、専門機関との連携にはなじみにくい体質がまだまだある。また、子どもに直接影響する家庭も閉鎖的な空間となっており、その中に入っていくのには困難が伴う。スクールソーシャルワーカーは、子どもを中心に、学校、家庭、地域、様々な社会資源との連携、調整を図るところに特徴がある。社会福祉機関や資源と違って、閉鎖的な傾向にある学校や家庭を開き、連携のネットワークの中に入れていくには、信頼関係から専門性の認知まで様々な課題がある。また子どもに関わる機関や資源に応じて、様々な子どもに対する視点の違いもある。支援のネットワークのためには、共通の視点が必要となる。子どもの意思を尊重し、その強さを引き出していくという視点に、どう視点合わせ

をしていくのか、スクールソーシャルワーカーの専門性が試されることとなる。最後に、スクールカウンセラーに比べて、まだまだスクールソーシャルワーカーの認知度は低い。また、スクールソーシャルワーカー活用事業が開始されてはいるが、予算額は低く、スクールソーシャルワーカーの安定した働く環境はまだまだ不十分である。教育と並んで、学校という場を中心に子どもとその教育をまもっていく専門職として位置づけられるための、十分な体制作りが、大きな課題となっている。

第13章　地域福祉

●キーワード：
コミュニティ、小地域活動、地域福祉計画、住民参加、社会福祉協議会

●考えるべき課題：
①社会福祉ではなぜ地域福祉が重要視されるのだろうか？
②地域福祉推進の鍵となるものは何か？
③地域とはどのような範囲を指すのか？
④市区町村社会福祉協議会とはどのような活動をしているのか？
⑤社会福祉協議会の活動原則とは何か？

1）地域を取り巻く状況

　図のように、家族と地域は人が生活する場そのものであり、人の生活は家族と地域のありように大きく影響を受ける。また、家族や地域は人の集まりでもあり、様々な人とのネットワークをはぐくむ場でもある。そして、人が生活していくに際しての、様々な支援を得ることができる資源を供給してくれる場でもある。従って、家族や地域をそこに暮らす人々が生活しやすいような場としていく社会福祉の支援は、極めて重要となる。

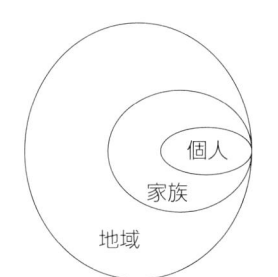

図13−1　個人−家族−地域

家族と違って、地域ということを日常的に意識することは難しいのかも知れない。学校や職場など日々の生活の中で激しく移動し、自宅にいる時間が短ければ、近隣住民との関係も薄くなるであろうし、地域の行事に出る場面も少ないであろう。しかし、社会での他の関係が薄くなれば、自宅にいる時間が長くなれば、地域に住んでいるということは強く意識されるようになる。家族の中に、子どもや高齢者、障害者などがいれば、さらに地域の人々とのつながりや、地域の社会資源のありようが意識されてくる。地縁といわれるような伝統的な地域社会は高度経済成長の中で崩壊していき、地域での人間関係は希薄になったといわれる。しかし、住まいというものがその地域の中にあり、人が一人では生きていけない以上、高齢化が進む中では、地域社会での人間関係、社会関係のネットワークの重要性はより高まらざるを得ない。制度的な社会福祉サービスが拡充の方向にあったとしても、地域での見守りやボランタリーな支えがなければ、日々の生活をまわしていけるほどの社会資源が制度として整っているものでもない。伝統的な地域社会に代わって、個人としての住民の主体性と自治意識を前提としたコミュニティと呼ばれる共同体づくりが進められている。そして、さらに一歩進めて、支援の必要な人を中心において支え合い、支援を共通の課題として考え取り組みつつ、その文化を次代に受け継いでいくような福祉コミュニティが求められている。

　日本の社会福祉は、地域から切り離された施設入所を軸に展開してきたが、1990年代以降の政策転換の中で、在宅福祉が注目され、どのようなハンディがあっても住み慣れた地域で普通に暮らしていけるというノーマライゼーションの思想が一般化してきた。そして、2000年の社会福祉法では、第4条で、「地域住民、社会福祉を目的とする事業を経営する者及び社会福祉に関する活動を行う者は、相互に協力し、福祉サービスを必要とする地域住民が地域社会を構成する一員として日常生活を営み、社会、経済、文化その他あらゆる分野の活動に参加する機会が与えられるように、地域福祉の推進に努めなければならない。」という条文が置かれ、「地域福祉の推進」が主張されている。地域福祉の鍵となるのは住民参加であり、住民自らが自立的存

在として、地域の課題に気づき、自らの問題として活動に取り組み、意思決定をして問題解決を図っていくことである。

２）地域福祉の意義

　地域とはどれだけの範囲を指すのだろうか。様々なとらえかたがあるが、大きく三つの範囲に分けて考えたい。一つは、小学校区程度を地域（小地域）ととらえる範囲である。小学校区というのは、多少のハンディがあっても歩いて行動できるような範囲であり、まさに生活圏内ということになる。小地域での最大の課題は、住民同士の支え合いである。地域の住民が参加し、住民相互のインフォーマルサービスを展開していく中で、お互いに顔の分かった関係が構築され、ともに暮らしを支えていく関係が地域として作られていく。小地域活動としては、様々な活動が各地域で展開されている。例えばひとり暮らしの高齢者に対しての、声かけや見守りの活動、配食サービス、昼食会などが多くの地域で実施されている。また、公民館や集会所などを利用しての、高齢者のサロンや、子育て世帯を対象にした子育てサロンなど、地域住民が自ら参加し、住民相互の支え合いが展開されている。

　小学校区からもう少し範囲を広げると、中学校区という範囲が設定できる。中学校区という範囲となると都市部ではおおむね１万人規模ということになるだろう。身近な生活圏内ということからは少し離れることとなるが、この中学校区程度の範囲に専門的な福祉活動の相談窓口なり拠点が必要となると考えられる。市役所や役場ということになると、かなり身近に相談するということからは距離が遠くなる。かといって、小学校区ということでは、効率の問題もある。ハンディがあったとしても、地域で生きていくということに際しては、地域住民の支え合いだけではなく、専門的な支援が必要となる。住民のニーズを専門的観点からくみあげて、個別の相談にものり、地域住民のインフォーマルな支援も含めて、総合的な支援を行うケアマネジメント的な支援ネットワークが構築できる専門職の配置と、そうした機関の存在が、こうした範囲には求められる。

次の範囲は、市町村ということになり、自治体が担い手として登場してくる。行政が直接福祉サービスを提供するという時代は遠くなりつつあるが、市民のニーズを把握し、必要な資源を創出、配置していくのは自治体の役割である。社会福祉法では、市町村には市町村地域福祉計画、都道府県には都道府県地域福祉支援計画の策定が定められている。地域福祉計画は、自治体が一方的に策定するものではなく、地域住民の意見を十分に反映させながら策定する計画であり、地域福祉推進の上での大きな柱となっている。2017年厚生労働省の『地域共生社会の実現に向けた地域福祉の推進について』では、市町村地域福祉計画に盛り込むべき事項は、以下のように整理されている。

①地域における高齢者の福祉、障害者の福祉、児童の福祉その他の福祉に関し、共通して取り組むべき事項

　ア　様々な課題を抱える者の就労や活躍の場の確保等を目的とした、福祉以外の様々な分野（まちおこし、商工、農林水産、土木、防犯・防災、社会教育、環境、交通、都市計画等）との連携に関する事項

　イ　高齢、障害、子ども・子育て等の各福祉分野のうち、特に重点的に取り組む分野に関する事項

　ウ　制度の狭間の課題への対応の在り方

　エ　生活困窮者のような各分野横断的に関係する者に対応できる体制

　オ　共生型サービス等の分野横断的な福祉サービス等の展開

　カ　居住に課題を抱える者への横断的な支援の在り方

　キ　就労に困難を抱える者への横断的な支援の在り方

　ク　自殺対策の効果的な展開も視野に入れた支援の在り方

　ケ　市民後見人等の育成や活動支援、判断能力に不安がある者への金銭管理、身元保証人等、地域づくりの観点も踏まえた権利擁護の在り方

　コ　高齢者、障害者、児童に対する虐待への統一的な対応や、家庭内で虐待を行った養護者又は保護者が抱えている課題にも着目した支援の在り方

　サ　保健医療、福祉等の支援を必要とする犯罪をした者等への社会復帰

支援の在り方

シ　地域住民等が集う拠点の整備や既存施設等の活用

ス　地域住民等が主体的に地域生活課題を把握し解決に取り組むこと

セ　地域づくりにおける官民協働の促進や地域福祉への関心の喚起も視
野に入れた寄附や共同募金等の取組の推進

ソ　地域づくりに資する複数の事業を一体的に実施していくための補助
事業等を有効に活用した連携体制

タ　全庁的な体制整備

② 地域における福祉サービスの適切な利用の促進に関する事項

③ 地域における社会福祉を目的とする事業の健全な発達に関する事項

④ 地域福祉に関する活動への住民の参加の促進に関する事項

⑤ 包括的な支援体制の整備に関する事項

⑥ その他

　自治体のあり方は、首長や地方議員を通じて市民が決めるものであり、自らが暮らす地域として、自治体がどうあるべきか、自治体行政への参画も重要な地域福祉の実践である。

3）地域福祉の担い手

　地域福祉の担い手としては、まずは地域住民があり、自治体という行政がある。それに、地域内に存在する社会福祉施設やNPO、各種のボランティア、民生委員などの地域資源がある。加えて、社会福祉協議会は大きな役割を果たしている。社会福祉協議会とは、民間の社会福祉活動を推進することを目的とした営利を目的としない民間組織であり、市区町村社会福祉協議会、都道府県社会福祉協議会、全国社会福祉協議会、という構成になっている。社会福祉協議会は、社会福祉法第109条・110条で、地域福祉の推進を図ることを目的とする団体と定められており、区域内における社会福祉を目的とする事業を経営する者及び社会福祉に関する活動を行う者が参加している。財源は、個人や企業などからの寄付金や共同募金といった民間財源、公

的な補助金や事業委託金などから構成されている。社会福祉協議会で活動する福祉活動専門員はコミュニティワーカーと呼ばれ、社会福祉の視点にのっとり、地域住民が自ら安心して暮らせる地域づくりを行っていくことを支援しているが、近年では個別支援からサービス開発までをトータルに行うコミュニティソーシャルワーク（CSW）への注目が集まっている。市区町村社会福祉協議会の活動内容は、社会福祉を目的とする事業の企画及び実現、社会福祉に関する活動への住民の参加のための援助、社会福祉を目的とする事業に関する調査・普及・宣伝・連絡調整及び助成、などとなっている。

　社会福祉協議会の活動原則は、①住民ニーズ基本の原則、②住民活動主体の原則、③民間性の原則、④公私協働の原則、⑤専門性の原則、である。住民のニーズを把握し、それをもとに活動を進めていくとともに、活動の主体は住民であり、住民の自立的な取り組みを基礎とする。また、民間組織として、柔軟に、即応的に対応し、先駆的な活動に取り組むこと、各種行政機関や民間組織などとの連携をはかるとともに、住民組織化や計画づくりなどにおいて、社会福祉の専門性を活かした活動を行うことなどを原則としている。なお、社会福祉協議会の機能は、①住民の福祉活動を推進する機能、②関係者の連携を図る機能、③福祉活動や事業を企画し実施する機能、④調査研究と開発の機能、⑤計画策定と提言の機能、⑥広報活動の機能、⑦福祉活動支援の機能、に分類されている。

4）地域福祉の課題

　まずは地域福祉の担い手の問題がある。これまでの地域活動は、仕事をリタイアした高齢者層や主婦や自営業層を中心に、平日の昼間に活動可能な人々によって取り組まれてきた側面がある。しかしライフスタイルの変化に伴い、平日の昼間に活動可能な人材が限られてきている。次代の地域を担っていく人材をどう活動に取り込んでいくのか、活動の中身のあり方も含め、今後の課題となっている。併せて、地域の中に十分な相談機関や社会福祉施設などがあってこそ、公私の協働が可能となる。地域の社会福祉資源はまだ

まだ不足している。資源の開拓・開発とともに、それらをうまくコーディネートして、個々の住民に提供していけるケアマネジメント体制の整備が課題である。最後に、地域住民は社会福祉の担い手であるとともに、社会福祉の援助対象でもある。ややもすると、地域住民という社会資源は、安上がりですむ地域資源ととらえられる危険性をはらんでいる。地域が機能していくには、自治体などの行政がその役割を果たしていくことが前提にもなるし、インフォーマルで支えきれない問題もある。従って、地域住民の生の声をどう行政に反映し、行政の施策を変えていくか、必要な資源をどう行政に作らせるかといった、行政への参画が今後の課題である。行政が住民のニーズをとらえ、迅速に対応していくためには、地域の実情が行政施策の計画や意思決定に反映されるシステムが重要となる。住民自治が、狭い意味での暮らす地域だけではなく、市町村といった自治体へと広がっていくことが求められている。

第14章　家族福祉

●キーワード：

　単身世帯、家族のケア機能、家族関係安定の社会生活上の基本的要求、ファ
　ミリーソーシャルワーカー、全体としての家族

●考えるべき課題：

　①日本の家族の現状はどのようになっているのか？
　②対象者別の福祉に対して、家族福祉はどのような意義を持っているのか？
　③家族福祉の対象とは何か？
　④「全体としての家族」とはどのような視点か？
　⑤これからの家族福祉に求められているものは何か？

1）家族を取り巻く状況

　戦後の理想的な家族像とされた核家族は、子育てを主たる機能とし、男性
が外で働き、女性が家事・育児に専念するという性別役割分業をモデルとし
てきた。しかし、現在の家族は、家族の中での個人の比重が高まり、家族の
ために個人の生き方を犠牲にすることなく、それぞれのライフスタイルの中
に家族を位置づけていくというあり方へと転換しつつある。性別役割分業に
ついても、共働きモデル、男女ともに家事・育児に関わるというモデルに、
理念としては移行しつつある。一方、家族の中での個人尊重に加え、経済的
な状況、ケア内容が相対的に高度化しているといった事情のもと、介護や育
児といった家族のケア機能が家族だけでは果たされなくなっており、ケア機
能の社会化が求められている。また、児童虐待や高齢者虐待、ドメスティッ
クバイオレンスなど、家族における暴力・虐待が頻発、顕在化し、家族のケ
ア機能の弱体化ということを超えて、家族に社会が介入していかなければ、
家族の中で弱い立場にいる個人をまもれないという事態が進行している。家
族の形態についていえば、これまで、核家族化、家族機能の弱体化というこ
とが家族についていわれてきたが、核家族化を超えて、単身世帯化が進んで

いる。高齢者の単身世帯の増加もあるが、今後は未婚の中年層の単身世帯の
増加が予想され、家族の相互扶助を織り込んできた日本の社会福祉の在り方
は抜本的な転換が求められるであろう。

２）家族福祉の意義

　家族は様々なメンバーから成り立っている。厳密にいえば親族といういい
方にもなるのだが、例えば高齢者がいたり、子どもがいたり、障害者がいた
りなど、縦割りの対象者別の分野を越えて、様々なメンバーから構成されて
いるところに特徴がある。そしてそこで起きる問題も、経済的問題に高齢者
の介護問題、子育ての問題など、法律や対象者を超えて、複合的にとらえな
ければならないということになる。家族福祉という視点は、対象者別にバラ
バラになっている分野や法律を超えて、生活の場としての家族に着目し、課
題を統一的にとらえることが可能となるところに意義がある。
　日本のこれまでの社会福祉の歴史を振り返れば、介護や育児といったケア
機能を家族に押し付けてきたということがいえる。押し付けるということ
は、家族をその担い手とさせるという意味ではなく、介護や育児という機能
を家族のプライベートな役割ととらえ、社会的な支援を十分に行わないとい
う意味である。そして、高齢者の介護問題についても、日本型福祉社会論に
見られたように、家族にその役割を担わせることで、社会福祉サービスを抑
制し、財政負担を抑制するという試みがなされてきた。1990年代以降の家族
の急速な変化の中、家族に介護や育児のケア機能を押し付けることでは、ケ
ア機能が社会的に果たされないことが明らかとなってきた。そこで、高齢者
に対する在宅諸サービスの充実や、子育て支援サービスの拡充、そして介護
保険の導入や保育サービスの拡大などの施策がとられるようになった。家族
福祉は、家族が担ってきた介護や育児の機能を家族から取り上げて社会的に
専門家が行うということを必ずしも意味していない。まずは介護や育児の機
能を家族のプライベートな役割ではなく、社会的に果たされるべき役割であ
り、社会にとっての責任ある機能であることを確認する。その上で、そうし

た機能を果たす家族を機能の補充や代替という形で支援するのである。

　家族福祉というと、誰のための何をする福祉なのかということが分かりづらい。そこで理論的に整理すると、家族福祉は個人の持つ家族関係安定の社会生活上の基本的要求の充足を図るものと位置づけられる。人は家族から得られるような密接な情緒的なつながりがなければ社会的に生きていくことができないということを前提においている。このつながりは必ずしも血縁であるとか、制度的に婚姻関係にあるとかを意味しているわけではない。家族は第一次的な福祉追求の集団と呼ばれているが、自分のことと同じように、他のメンバーのことを大切に思う集団に属するということが、家族関係安定の社会生活上の基本的要求であり、そうした要求を実現することが家族福祉の使命である。そうした要求は家族の中で他のメンバーに関わることで果たされる。例えば子どもに育児という形で関わることによって、家族という一体感を得ることができるように。しかし、育児という行為は、負担を伴う労働という側面も持っている。つまり、家族の中で行われる行為は、要求充足を図る行為であるとともに、負担を伴う労働でもあるということになる。そこで家族福祉は、それぞれの家族において、家族の中で行われる行為を負担から充足に変えていくことを目的とする。例えば、育児に24時間関わることは負担が大きい。そこで、保育サービスの導入により、その一部を外部に担ってもらうことで、育児に余裕を持って関わり、より充足を得やすくしようということになる。一方、家族のメンバーは仕事など他の社会関係での役割も担っており、そうした役割と家族内での役割との両立も課題となる。また、家族という集団に属していても、その中で家族関係安定の社会生活上の基本的要求が満たされていないのであれば、満たされるような家族に作り変えること、さらにはそうした家族から離れ、新たな家族を構成することも、家族福祉の対象となる。また、前提となる経済的な問題や住宅の問題や、閉塞的な空間から家族を社会に開いていくという必要性もある。整理すると、図のように家族福祉の対象は、①社会生活と家族生活の不調和、②家族（的）関係の欠如、③家族生活基盤の不備、④家族と社会とのつながりの欠如、ということになる。

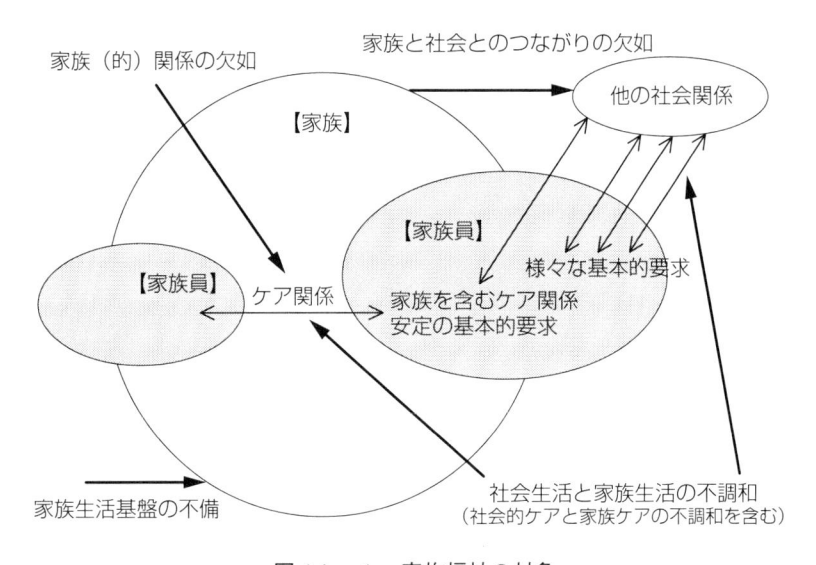

図 14 － 1　　家族福祉の対象

（鶴野　2014：130）

3）家族福祉の担い手

　家族はこれまで子どもを中心に語られてきたため、家族福祉というと子ど
もの支援という文脈で語られることが多い。その意味では、子どもに関わる
機関が家族福祉の担い手として取り上げられることが多い。ファミリーソー
シャルワーカー（家庭支援専門相談員）という言葉は、通知「乳児院等にお
ける早期家庭復帰等の支援体制の強化について」の中で、「早期の家庭復帰
等を支援するための体制を強化する必要があるため、児童の早期家庭復帰、
里親委託等の支援を専門に担当する職員」のこととされており、その配置の
目的は、「虐待等の家庭環境上の理由により入所している児童の保護者等に
対し、児童相談所との密接な連携のもとに電話や面接等により児童の早期家
庭復帰、里親委託等を可能とするための相談、指導等の支援（以下「家庭復
帰支援」という。）を行い、入所児童の早期退所を促進し、親子関係の再構
築等が図られることを目的とする」とされている。こうした狭い意味での家

族福祉の担い手のとらえ方もあるが、そもそも地域と同様、あらゆる社会福祉実践は家族との関わり合いを抜きには考えられない。子どものみならず、高齢者、障害者、教育、医療、低所得者、どの分野をとってみても、家族が直接、間接、あるいは背景として関わってきている。したがって、すべての社会福祉実践は家族福祉実践であるととらえることもできるわけで、あらゆる社会福祉の担い手は家族福祉の担い手でもあるとし、家族福祉の視点をすべての社会福祉の担い手に普遍的に持ってもらうことが重要であるという方向で理解するのがよいのではないかと思う。

　家族福祉の特徴には二つある。一つは「全体としての家族」という視点であり、家族を構成している個々のメンバーをバラバラにとらえるのではなく、一つのまとまりとしてとらえる視点である。家族は一つのシステムとして成り立っている。システムでは、どこかに何かが起これば、システム全体に影響する。例えば、小さな子どものいる家族の中で父親が失業するという事態が起これば、家族全体に影響する。収入の問題、家事の問題、育児の問題など、家族全体の問題へと発展する。従って家族を全体としてとらえる視点が重要となってくる。もう一つは、家族は、メンバーがともに暮らしているというだけではなく、それぞれのメンバーが何らかの役割を果たしつつその家族を構成しているということであり、そこでの役割は、メンバー個人としての役割であるとともに、家族が社会を構成する一つの集団である以上、社会的な役割を果たしているということにもなる。例えば家族のメンバーである高齢者を家族の中で在宅介護しているということであれば、介護という役割が家族の中で果たされているわけであるが、その行為は社会的行為として、社会の中で介護という役割を果たしているということにもなるのである。なので、こうした役割という概念と家族とは切り離せない。役割を家族という集団で置き直すと機能ということになる。家族を機能という視点からとらえるところにも家族福祉の特徴がある。

4）家族福祉の課題

　家族福祉の課題として、三点あげておきたい。家族福祉は家族を全体としてとらえるところに特徴があるとしたが、それでもやはり家族は複数のメンバーから構成されている。従って、そこにはそれぞれの家族メンバーの思いがあり、それらは常に両立するわけではない。特に高齢者や障害者などハンディのある家族メンバーがいる場合、そうした当事者の思いと、ケアする家族メンバーとの思いのズレの問題がある。障害者福祉の所で、障害者の自立とは親からの自立でもあるということを書いたが、親からの自立を支援するという立場に立てば、今障害者とともに生活している家族を維持することが支援ではなく、例え親にとっては反対することであったとしても、その家族から障害者が離れていくことを支援することが必要になる。また、医療福祉の所で紹介したように、患者と他の家族メンバーの治療方針をめぐっての意見の違いなどの問題もある。家族全体をアセスメントした上で、援助の方向性を考えていく際には様々な社会福祉の分野の考え方を踏まえ、総合的に考えていく必要がある。

　次に、今後の単身世帯の増加について、この章の最初に述べたが、これからの家族福祉は、いまある家族を支援するということにとどまらず、血縁関係があるとか、結婚しているとかということにこだわらず、人が家族的な関係を築いていけるような、家族的関係づくりの支援が求められるようになってくるであろう。単身世帯の増加といっても、家族関係安定の社会生活上の基本的要求を抜きにして人の社会生活を考えることはできない。従って、家族に近いような親密な関係を人同士が作り合っていけることが今後の課題となっており、住まいという点では、シェアハウスやコレクティブハウスといった試みも始まっている。もちろん、家族を作るという意味では、虐待を受けた子どもの保護のその先の家族の再統合や、障害のある人たちの少人数での共同生活など、社会福祉課題に即した課題も、家族福祉の文脈でとらえていくことが必要になっている。

　最後に、政策の問題である。家族だのみの政策は修正されてきているとは

いえ、日本の社会福祉政策の家族への関わりは、子どもを中心として非常に弱いといわざるを得ない。家族を維持・強化するという意味での政策を家族政策とすれば、家族政策といえる支出は、子ども手当をめぐる混乱を見ても分かるように、極めて少なく、かつ国民的な合意もとれていない状況である。今後の単身世帯の増加を視野に入れれば、家族を支え、家族を育成する方向に大きく舵を切らなければ、ますます家族は弱まっていくものと考えられる。

Ⅳ．応用編

第15章　事例検討

●キーワード：
　問題点、ニーズ、援助目標、思いに入り込む、生活のデザイン

●考えるべき課題：
　①事例に関わる際、どのような姿勢が必要だと考えられるか？
　②問題点から入ることについて、気をつけなければならないことは何か？
　③問題点からニーズへの転換において重要なことは何か？
　④具体的な援助サービスとは何のためにあるのか？
　⑤具体的な事例に取り組み、支援を行う専門職に求められるものは何か？

1）事例検討の流れ

　ここでは、これまでの学習を踏まえて、第1章で取り上げた事例を検討することとする。社会福祉実践の核になるのは、実際に目の前で起こる生活課題への対応であり、個別的社会福祉実践である。様々な学習は、結局具体的な事例に対してどのように考え、どのように対応するのかということに収斂する。社会福祉専門職に必要な能力は、価値、知識、技術の三つであることを述べたが、それらを総動員して真摯に事例にのぞむことが必要である。

　まずはじめに、事例を検討する際のフォーマットを提示する。これは、実際に使われるものではなく、事例検討において、考えていく手順を図式化したもので、この順番に沿って考えていけば、事例をより深く考えられるとして筆者が使用しているものである。まず最初の項目は「解決すべき問題点」となる。やはり目の前の事象に対して、何らかの介入をするというのは、このままほっておくことができない何か課題があるということが前提となるわけであり、そこになにがしかの問題点を見ることとなる。しかし注意しなければいけないのは、問題点とは、見る側の基準があり、その基準からずれているから問題と認識するということであって、客観的に問題があるということはない。また、問題点としてあげられる問題が本当に問題なのか、その奥

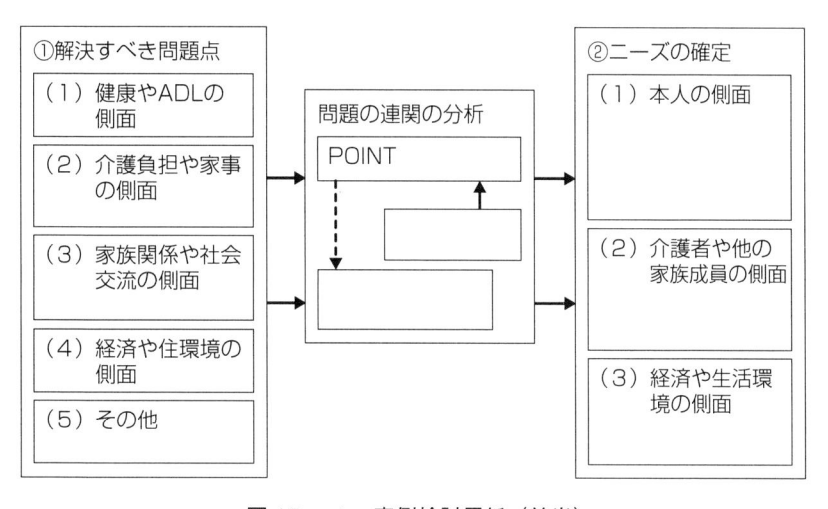

図15-1　事例検討用紙（前半）

により深く抱えている課題の現象として表れているものに過ぎないのではないか、ということもある。もっといえば、本当にそもそも問題というものがあるのか、われわれ援助する側や社会の側が問題とレッテルを貼っているだけで、本当はその対象となっている人たちに問題はないのではないか、といったことも考えられる。そこで、まず現象としてあげることができる問題点から出発はするが、その背景を深く考察するなかで、マイナスとしての問題点を、これからの生活なり生き方なりをデザインしていくというプラスの形に変換していく作業が必要となる。それがニーズの確定である。ニーズとは単なる問題点の裏返しではない。個々バラバラに見える問題点は、複合的にからみあっており、問題が問題を呼ぶ連鎖の中にある。そこで、問題の連関の分析を行う中で、ポイントとなる点を抽出し、そこからこの先の生活の組み立てに必要となる事項は何かを整理していくのである。当然、そこには援助者側の価値観が入り込む。自己覚知の作業の中で自らの価値観を相対化したとして、しかしそこには専門職としての価値観が当然ある。専門職としての価値観と対象となる人々の希望とのすりあわせの中でニーズは導かれるのである。なお、援助の対象となる人が一人であっても、家族の中の一人で

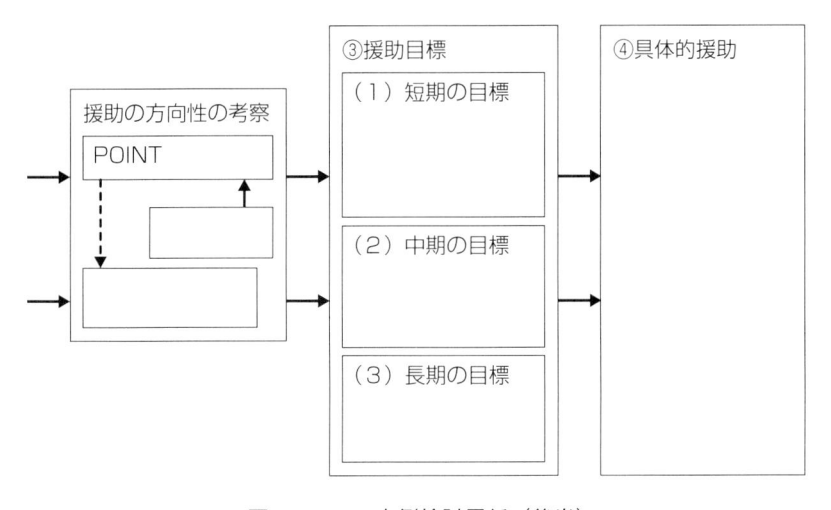

図15－2　事例検討用紙（後半）

あり、他の家族メンバーとのからみあいの中でのニーズ確定となる。家族を構成するメンバーによってニーズは異なり、対立することもある。そのあたりを分けて整理するためにも、本人の側面と、介護者や他の家族成員の側面を分けている。経済や生活環境の側面は、経済的問題や住宅の問題など家族全体に関わる側面である。事例検討の最終段階は具体的な援助サービスの中身をあげることである。しかし、大切なことは、例えばホームヘルプサービスとか訪問看護といった援助サービスは、あくまで問題解決のための手段であるということである。何のためにそのサービスを導入するのかを明らかにして意識していなくては、そのサービスが一人歩きをしてしまう。そこでニーズが明らかになれば、どういう方向性で援助を考えていくのかを考える段階となる。これは直接、対象となっている人のこれからの生き方、生活のあり方のデザインに直結する項目である。利用者の思いをしっかりと受け止めながら、大きく方向性を設定し、それを細分化していく作業となる。援助の方向性から援助目標が設定される。援助目標は優先順位を設定せざるを得ない。大きな援助の方向性を踏まえながら、まず緊急に行わなければならないものから、中長期的なものまでを順序だて、その上で具体的な援助サービ

スの中身の選定へと入っていく。一連の流れの中で大切なことは、問題を抱えた人というマイナスの見方をするのではなく、これからの生活や生き方を一緒に考えてデザインしていくその支援をするというプラスの見方である。利用者の持っている力を引き出すことが社会福祉専門職の役割であった。利用者の思いの中に入り込み、専門的な知見も活用しながら、利用者がより良き生活を構築していけるように支援をしていくのである。

2）第1章の事例の検討

　それでは、本書の初めに戻って、第1章の事例を考えてみよう。まず事例を読んで一番考えさせられるのは、「支援が必要と考えられるがサービスが入っていない現状」と「現状で問題ないと考えている本人・家族」のギャップではないだろうか。長女はこのままではとても両親と長男の家庭はまわっていかないと考え、何とかして欲しいと考えている。専門職としての観点からこの家庭を見ても、このまま支援の手が入らなければ、生活は立ちゆかなくなるであろうと考えられる。しかし、実際の思いがどうかは別として、家族三人はこのままの生活を希望しており、今の生活に支障を感じていないようである。どう援助するかを考える前に、このギャップを考えないと先に進むことはできない。大切なことは、専門職の立場として、現状のままでは無理なのでこうすべきであると上から指導する立場にはないことである。生活支援は、あくまで本人の力でもって生活をデザインしていくことを支援することである。従って、このギャップを指導して埋めようということでなく、まず「現状で問題ないと考えている本人・家族」の思いに入り込み、理解しようとすることである。妻の状態が問題として目の前にあがってきている。しかし、このギャップを無視したまま、妻への支援サービスを入れることで、問題が解決する、つまりこの家族が今後の生活をまわしていけるとは考えられない。この場合のキーパーソンは夫であろう。夫を無視して、妻の状態だけを見て、色々なサービスのプランを考えても、実際にサービスの導入は難しいであろう。現状のデイサービスでも、夫の意向が強く働いていて、

三回に一回は休んでいる状態である。

　そこで、生活歴を見、これまでの家族の暮らしを振り返ってみよう。おそらく家族は知的障害のある長男を中心とした暮らしであったことが考えられる。子どもを支えることで家族はまとまりをもって、様々な困難がある中、暮らしてきたのではないだろうか。従って、何より家族がバラバラになることを恐れる気持ちがあるのではないだろうか。障害のある長男を支えて生きてきた30数年間、家の中に他人が入ってくることをいやがる気持ちもあるのではないだろうか。妻がアルツハイマー病で変わっていくなか、家族が変わってしまうことを認めたくない気持ちがあるのではないだろうか。サービス導入への抵抗については、信頼関係を作る中でそうした思いに入り込む作業がどうしても必要となる。それが、単にサービスと利用者をつなげるだけではない、社会福祉援助の重要な所である。

　表面的な問題としては、当事者となる妻の健康問題、ＡＤＬの問題、家事の問題、そして長男の今後の生活の問題があげられる。そうした問題を一つ一つつぶしていくことが求められてはいるが、この場合の核心部分は、キーパーソンである夫がこれからどうやって生きていくのか、その生活のデザインをどう共に描いていくのかではないかと思う。このアセスメントの中では見えてこないが、家族以外の夫の社会関係はどのようになっているのだろうか。地域とのつながりはどうなっているのだろうか。表面に表れる課題は妻や長男の問題としてある。しかし、この家族の今後の生活を考えていくに際しては、夫の社会生活を把握し、その社会生活を組み直す中で、妻と子どもをどう相対化できるような支援ができるのかがキーとなるように思えてならない。その上で、妻の服薬や通院、家庭の家事支援、妻の日中活動、長男の今後の生活の模索ということになるのではないだろうか。夫の部分が突破できない限り、なかなかそうした様々な諸課題への取り組みは難しいように感じられる。それでは、どこを突破点にしていけばよいのだろうか。夫を説得することで、うまくいくとはなかなか考えにくい。妻のデイサービスに関しては、そこに行くことを妻が喜び、そのデイサービス通所の中で例えば妻が笑顔を見せること、つまり自分以外の社会関係の中で妻が喜ぶ姿を見てもら

うこと、そうした間接的な中でつながりや気づきが生まれてくるように思える。同じような知的障害を持った親同士の交流はどうだったのだろうか。すべて妻まかせだったのだろうか。同世代の親同士、同じような課題や問題を抱えているはずである。夫がそうした知的障害者の親同士の交流の輪の中に入ることも、転換点となるかもしれない。このように、この家族の社会関係の広がりの中で、サービスにつなぎ、サービスを拡大していく突破口を模索していくことになるのだろう。

　この事例、結論的には、妻のデイサービスへの通所や家庭支援としてのヘルパー、通院や近隣の見守り体制、夫婦での出かける場づくり、長男のグループホームなどの今後の生活の場の模索などということになろう。しかし、利用者や家族の思いの中に入り込み、ともに社会生活の拡大を実感していく中でないと、サービスの計画は絵に描いた餅となりかねない。これまで記述してきた様々な法的な制度の知識、援助の技術、そして社会福祉の様々な価値観、こうしたものを一人の人格としての支援者の中に統合し、人間としての支援を展開すること、それが社会福祉の支援であるとともに、すべての支援を業とする職種に求められているものであると思う。

第16章　社会福祉実践の課題

●キーワード:
　社会統合、ジェンダー、民族、階層、社会変革

●考えるべき課題:
　①社会福祉は社会の中でどのような役割を担っているのか？
　②ジェンダーの視点でみると社会福祉にはどのような課題があるのか？
　③社会福祉にとって、民族に関わる問題にはどのようなものがあるのか？
　④社会保障制度が果たす所得再分配の機能の意義は何か？

1) 社会統合としての社会福祉

　社会福祉の基本にあるのは目の前の人をいかに支援するのかという個別的実践であった。そして、その実践の目的は、社会と人とをつなげることであり、社会の中で役割を持って生きることを生活ととらえ、その社会生活を支援することであった。つまり、社会福祉実践は、人を社会に統合することを目的としているということができる。ここで問われるべきことは、社会に統合することの意味である。社会に統合することの意味には二つある。一つは個人の側から見たものであり、社会の中で何らかの役割を果たすことでその人自身の社会生活上の要求を充足するという個人的側面である。もう一つは、社会は様々な集団から構成されており、個人を社会に統合すること、具体的には社会的な役割を果たす集団に個人を参加させることによって、社会は自らを維持できていくという社会的側面である。しかしもう一歩つっこんで考えてみると、個人が社会に統合されていない状態というのは、個人にとっての要求の不充足であるとともに、社会にとっては社会自身の危機につながる事態だということである。社会の中に包み込むことによって、個人は社会の中に自らの位置を確認し、社会を支えることとなる。社会の中に包み込まれないとするならば、社会はその人の外側にある。自らを包み込まない、排除する社会に対し、個人は敵対感を持つであろう。社会はその人の敵となるの

である。つまり、社会を維持していくに際し、社会から排除された人々は危険要因になりかねないということになる。社会を国家と置き換えて考えてみると、国家の秩序を維持することが国家の最も基本的な役割となっている。いわゆる治安維持の側面である。社会に統合されない個人は、社会の不安定要因になることから、国家体制を維持するためにはこうした不安定要因を取り除かなければならないということになる。2011年は「アラブの春」と呼ばれる中東・アフリカでの独裁国家の民衆の蜂起による崩壊の年でもあった。日本にいる中ではなかなか実感が湧かないかもしれないが、社会への統合とはまさに国家の体制を守ることであり、いかに人々を統合して社会や国家に不満を持たせないかが重要関心となるのである。そして、こうした統合の役割の一端を社会福祉は担っている。目の前の人を支援するという役割は、同時に社会体制、国家体制の維持という役割も担っている、その社会福祉の持っている機能をまずはしっかりと認識する必要がある。つまり、社会福祉専門職は社会的な役割をこの社会、この国家の中で担っているのである。

　このことを直視することは、社会福祉の持つ危険性の認識へとつながってくる。人を社会に統合するということは、ある特定の価値観に人をあわせていくということにつながってくる。これまで述べてきたノーマライゼーションなり自立なり人権なりは、近代社会における共通の価値観といわれているが、やはり特定の価値観であることに変わりはない。こうした価値観に人を統合していく役割を社会福祉は担っている。そのことを通して、社会体制の維持を図っているのである。しかし、価値観はやはり多数派(マジョリティ)の価値観であることは間違いない。社会には様々な価値観がある。様々な文化もある。社会福祉がマジョリティの価値観にのっかるならば、なかなか少数派（マイノリティ）の価値観を理解することにはつながらないであろう。社会福祉に関わるものは、マジョリティの価値観に人々を統合する危険性を自らが持っていることを自覚し、マイノリティの価値観や文化を意識して受け止め、自らの存在を相対化し続けることが必要となる。

２）ジェンダーの問い直し

　社会福祉の持つ価値観の大きなものにジェンダーに関わるものがある。ジェンダーとは、生物学的な性ではなく、社会的な性と呼ぶべきもので、男らしさ女らしさというように、社会が考える性差である。戦後の社会福祉を振り返ると、社会福祉はこのジェンダーに無自覚であったように思える。社会福祉政策としては、男性稼得者つまり男性が働いて、女性が家事や育児に専念する、あるいはパート労働に従事するというシステムに基づいて制度設計がなされてきた。具体的な場面においても、家庭で育児や介護に従事する女性という役割を前提においた上での支援が組み立てられてきた。例えば、障害児の通園施設の母子通園という仕組みのように、母親が働かずに障害のある子どもの療育に専念するということが、子どもと母親が一緒に施設に通うというこの形態の前提になっている。1990年代以降、こうした社会福祉の持つジェンダーの差別性が問われるようになり、政策としても男女共同参画社会、男性の育児参加などが提唱されるようになってきた。しかし、育児、介護、家事といった家庭内労働が女性に不平等に配分されている事実に変わりはないし、就労における男女差別も解消されてはいない。女性への保護施策が撤廃されていく中、女性の雇用状況はより不安定化し、育児、介護、家事といったケア労働と低賃金不安定労働の両立で、厳しい状況に置かれている女性の現状、とりわけ母子家庭世帯の貧困が社会問題としてクローズアップされつつある。2016年時点での調査で、母子家庭世帯などのひとり親世帯の相対的貧困率が54.6％だったことが明らかにされている。子どもを抱えた中、正社員などの安定した仕事につけず貧困状態に陥っている母子世帯の姿が図のようにかいまみられる。

表 16 － 1　貧困率の年次推移

	昭和60年	63	平成3年	6	9	12	15	18	21	24	27
						(単位：%)					
相対的貧困率	12.0	13.2	13.5	13.8	14.6	15.3	14.9	15.7	16.0	16.1	15.7
子どもの貧困率	10.9	12.9	12.8	12.2	13.4	14.4	13.7	14.2	15.7	16.3	13.9
子どもがいる現役世帯	10.3	11.9	11.6	11.3	12.2	13.0	12.5	12.2	14.6	15.1	12.9
大人が一人	54.5	51.4	50.1	53.5	63.1	58.2	58.7	54.3	50.8	54.6	50.8
大人が二人以上	9.6	11.1	10.7	10.2	10.8	11.5	10.5	10.2	12.7	12.4	10.7
						(単位：万円)					
中央値（a）	216	227	270	289	297	274	260	254	250	244	244
貧困線（a/2）	108	114	135	144	149	137	130	127	125	122	122

注：1）平成6年の数値は、兵庫県を除いたものである。
　　2）平成27年の数値は、熊本県を除いたものである。
　　3）貧困率は、OECD の作成基準に基づいて算出している。
　　4）大人とは18歳以上の者、子どもとは17歳以下の者をいい、現役世帯とは世帯主が18歳以上65歳未満の世帯をいう。
　　5）等価可処分所得金額不詳の世帯員は除く。

厚生労働省 web サイト

https://www.mhlw.go.jp/toukei/saikin/hw/k-tyosa/k-tyosa16/dl/16.pdf

（2019年11月5日アクセス）

　また、社会福祉の個別的実践の担い手であるケアワークも女性の仕事という意味づけがまだまだ根強く、低賃金とそうした意味づけがセットになっている。これまでの社会福祉は、自らの持つ偏ったジェンダー観に鈍感であったといえる。女性の置かれている差別的状況の直視や、そうした状況を前提に組まれる社会福祉システムへの問い直しを社会福祉として主体的に行うことが少なかったという反省がある。社会福祉に関わる人間が、自らの性差別への意識を自覚化し、ジェンダーという物差しを意識しつつ実践を行うことが、これからの社会福祉実践には求められている。

3）民族への視点

　ジェンダーに加えて、日本の社会福祉が直視してこなかったものに民族の問題がある。いうまでもなく、日本には様々な民族の人々が暮らしている。グローバル社会といわれ、国際的な問題へのかかわりの重要性が指摘されて

いるが、足下には内なるグローバル社会が存在している。在留外国人統計によれば、平成30年度の在留外国人は2,731,093人（この内特別永住者は321,416人）となっており、在留外国人数は過去最高になっている。とりわけ国籍（出身地）別ではベトナムの伸びが大きい。

表 16 － 2　　国籍・地域別在留外国人数の推移

国籍・地域	平成20年末(2008)	平成21年末(2009)	平成22年末(2010)	平成23年末(2011)	平成24年末(2012)	平成25年末(2013)	平成26年末(2014)	平成27年末(2015)	平成28年末(2016)	平成29年末(2017)	平成30年末(2018)	構成比(％)	対前年末増減率(％)
総　　数	2,144,682	2,125,571	2,087,261	2,047,349	2,033,656	2,066,445	2,121,831	2,232,189	2,382,822	2,561,848	2,731,093	100.0	6.6
中　　国	644,265	670,683	678,391	668,644	652,595	649,078	654,777	665,847	695,522	730,890	764,720	28.0	4.6
韓国・朝鮮	580,760	571,598	560,799	542,182	－	－	－	－	－	－	－		
韓　　国	－	－	－	－	489,431	481,249	465,477	457,772	453,096	450,663	449,634	16.5	-0.2
ベトナム	40,524	40,493	41,354	44,444	52,367	72,256	99,865	146,956	199,990	262,405	330,835	12.1	26.1
フィリピン	193,426	197,971	200,208	203,294	202,985	209,183	217,585	229,595	243,662	260,553	271,289	9.9	4.1
ブラジル	309,448	264,649	228,702	209,265	190,609	181,317	175,410	173,437	180,923	191,362	201,865	7.4	5.5
ネパール	11,556	14,745	17,149	20,103	24,071	31,537	42,346	54,775	67,470	80,038	88,951	3.3	11.1
台　　湾	－	－	－	－	22,775	33,324	40,197	48,723	52,768	56,724	60,684	2.2	7.0
米　　国	51,704	51,235	49,821	49,119	48,361	49,981	51,256	52,271	53,705	55,713	57,500	2.1	3.2
インドネシア	36,560	24,777	24,374	24,305	25,532	27,214	30,210	35,910	42,850	49,982	56,346	2.1	12.7
タ　　イ	26,190	37,812	38,240	41,316	40,133	41,208	43,081	45,379	47,647	50,179	52,323	1.9	4.3
そ　の　他	250,249	251,608	248,223	244,677	284,797	290,098	301,627	321,524	345,189	373,339	396,946	14.5	6.3
（参考）外国人登録者数	2,217,426	2,186,121	2,134,151	2,078,508									

男性	1,327,893	48.6	7.6
女性	1,403,200	51.4	5.7
総数	2,731,093	100.0	6.6

注：1 ）平成23年末の統計までは，当時の外国人登録者数のうち，現行の出入国管理及び難民認定法第19条の3に規定する「中長期在留者」に該当し得る在留資格をもって在留する者及び「特別永住者」の数であり，平成24年末の統計からは，「中長期在留者」及び「特別永住者」の数である。
　　2 ）「国籍・地域」は在留カード又は特別永住者証明書（以下「在留カード等」という。）の国籍・地域欄の表記である。
　　3 ）「韓国・朝鮮」について，平成23年末の統計までは，外国人登録証明書の「国籍等」欄に「朝鮮」の表記がなされている者と「韓国」の表記がなされている韓国籍を有する者を合わせて「韓国・朝鮮」として計上していたが，平成24年末の統計からは，在留カード等の「国籍・地域」欄に「韓国」の表記がなされている者を「韓国」に，「朝鮮」の表記がなされている者を「朝鮮」に計上している。
　　4 ）「台湾」について，台湾の権限ある機関が発行した旅券等を所持する者は，平成24年7月8日までは外国人登録証明書の「国籍等」欄に「中国」の表記がなされていたが，同年7月9日以降は，在留カード等の「国籍・地域」欄に「台湾」の表記がなされており，平成24年末の統計からは「台湾」の表記がなされた在留カード等の交付を受けた者を「台湾」に計上している。
　　5 ）表の各項目における構成比（％）は表示桁数未満を四捨五入してあるため，内訳の計は必ずしも100.0％とならない。

法務省 web サイト

http://www.moj.go.jp/content/001289225.pdf

（2019年11月 5 日アクセス）

社会福祉が社会統合の役割を果たすのならば、そうした様々な民族の人々を日本社会の中に統合していくということになるが、こうした外国人登録者の増加に対する社会福祉領域での関心はまだまだ低いといわざるを得ない。根幹となる社会保障制度については、医療保険の問題がある。健康保険や国民健康保険に加入ということになるが、不法滞在者の未加入の問題や、請負・派遣による雇用の場合、健康保険の加入が進んでいない実情もある。医療保険への加入が未加入の場合、医療を受ける際に多額の医療費がかかるため、診察を受けず病気が悪化するなどの問題や、医療費の未払いの問題などが生じている。一方、雇用関係にある場合、厚生年金と健康保険はセットとなるので、同様に厚生年金への加入が進んでいない実情がある。貧困に対する施策の中核にあるのが生活保護制度である。基本的には国籍条項により、外国人の生活保護受給権は認められていないが、通知「生活に困窮する外国人に対する生活保護の措置について」において、「外国人は法の適用対象とならないのであるが、当分の間、生活に困窮する外国人に対しては一般国民に対する生活保護の決定実施の取扱に準じて左の手続により必要と認める保護を行うこと。」とされている。しかし、運用面における対象者の限定など適用外の問題なども起きている。戦前、戦中からの歴史的経緯に加え、安価な労働力としての需要などから、現在の日本は外国籍の人々を組み込んだ社会として成立している。しかし、様々な民族の人々が今、日本で暮らしているという事実も、またそこに様々な社会的支援が求められているということも、なかなか目に見える形にはなっていない。また、民族はその民族固有の文化や宗教と切り離すことができない。様々な民族の人々への支援というときには、その支援対象となる人々の文化・宗教への理解や配慮が欠かせない。在日コリアンの高齢者への支援といった場合、コリアン文化への理解や、歴史的経緯などの知識を抜きにしては関係を築くことはできない。グローバル社会の拡大とともに、内なる国際化はますます進展していく。社会福祉は、様々な民族の人々がこの日本に暮らしていることを認識し、そうした人々の文化・宗教を理解した上で、制度の狭間に漏れることの多い生活問題に取り組むことが求められている。その上で、社会統合の機能を果たす社会福祉も、

特定の価値観や文化に根ざしていることを直視し、文化の多様性を尊重する寛容の精神を発揮することが、社会福祉実践には求められている。

4）階級・階層の視点

　ジェンダー、民族とともに、もう一つ現代の社会福祉に取り組む際に忘れてはならない視点は、階級であり階層の視点である。階級とは階級制度といった形で、例えばカースト制度など身分制度との関連で使われてきた言葉であるが、社会福祉において階級が使用されるのは、マルクス主義の文脈で使われてきた階級である。そこでは、すべての社会の歴史は階級闘争の歴史であるとされ、資本主義社会においては、生産手段を所有している資本家階級と、自らの労働力を商品として売ることで生計をたてるしかない労働者階級との闘争が階級闘争とされた。これに対して階層とは、生産手段の所有といった単独の指標ではなく、資産、収入、職業、学歴などいくつかの指標をもとに区分がなされる。日本の場合、高度経済成長を通して豊かさが実現され、一億総中流といわれるように階層の違いは意識されなくなったといわれていた。しかし1990年代以降、貧富の差の拡大が実感されるようになり、貧困は目に見える形でクローズアップされるようになる。職業でいえば正社員と非正規社員との格差、親の収入による子どもの学歴差、つまりは教育投資の可否が子どもの学歴へとつながるといった世代間の階層の固定化などが問題となっている。社会福祉がとりあげる高齢者、障害者、子どもといったカテゴリーでは計れない格差の問題が深刻になっている。高齢者では、どのような職業についてきたのかによって、受け取れる年金の額は大きく異なるし、土地建物などの資産の有無によって老後の生活は大きく規定される。一律に高齢者だから貧しいとか豊かであるとかはいえない状況なのである。所得分配の不平等を図る指標としてジニ係数がよく使われている。ジニ係数は0から1の間をとり、0に近いほど平等つまり格差が少なく、1に近いほど不平等つまり格差が大きいということになる。

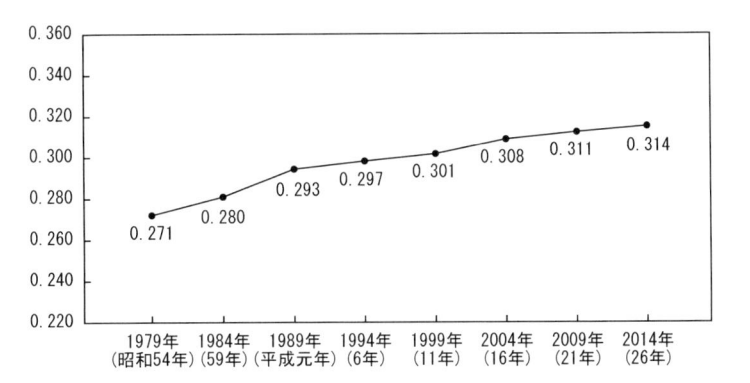

図16－1　年間収入のジニ係数の推移（二人以上の世帯）

表16－3　世帯主の年齢階級別年間収入のジニ係数及び世帯分布（二人以上の世帯）

世帯主の年齢階級別ジニ係数

	総数	30歳未満	30～39	40～49	50～59	60～69	70歳以上
平成26年	0.314	0.227	0.223	0.249	0.284	0.339	0.305
21年	0.311	0.228	0.233	0.260	0.285	0.327	0.310
26年-21年	0.003	−0.001	−0.010	−0.011	−0.001	0.012	−0.005

世帯主の年齢階級別世帯分布　　　　　　　　　　　　　　　　　　　　（％）

	総数	30歳未満	30～39	40～49	50～59	60～69	70歳以上
平成26年	100.0	2.0	11.5	19.6	18.5	24.8	23.5
21年	100.0	2.4	15.0	18.7	21.1	24.4	18.3
26年-21年	－	−0.4	−3.5	0.9	−2.6	0.4	5.2

注）年齢階級別ジニ係数は，統計表［（全国）フロー編：第8表］から計算している。

総務省webサイト
http://www.stat.go.jp/data/zensho/2014/pdf/gaiyo5.pdf
（2019年11月5日アクセス）

　総務省の「平成26年全国消費実態調査」では、二人以上の世帯について年間収入のジニ係数をみると、ゆるやかに上昇している。このように、社会福祉のどの分野での実践においても、収入の格差などの要素を考慮に入れる必要がある。世代間格差、豊かな高齢者、貧しい若者といった論調もあるが、階層格差を念頭に入れて慎重に見ていく必要がある。一人一人の置かれている経済状況は異なるため、カテゴリーでその人々の性格をはかることには危険が伴う。

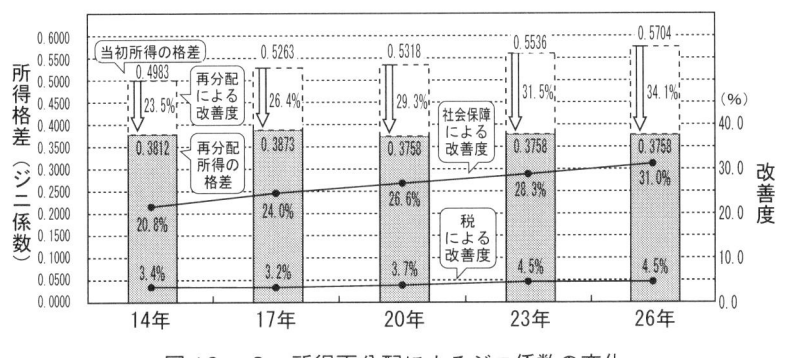

図 16 － 2　所得再分配によるジニ係数の変化

厚生労働省 web サイト

https://www.mhlw.go.jp/file/04-Houdouhappyou-12605000-Seisakutoukatsukan-Seisakuhyoukakanshitsu/h26hou.pdf

（2019年11月５日アクセス）

表 16 － 4　当初所得階級別所得再分配状況

当初所得階級	当初所得（A）（万円）	再分配所得（B）（万円）	再分配係数（B－A）／A（％）	拠出（万円）		受給（万円）
				税金	社会保険料	
総数	392.6	481.9	22.7	48.0	50.4	187.7
50 万円未満	4.9	270.0	5,391.8	8.8	11.8	285.7
50 ～ 100	74.8	265.9	255.3	10.2	16.6	217.9
100 ～ 150	121.5	311.9	156.8	13.4	18.7	222.5
150 ～ 200	171.8	317.3	84.8	16.7	23.8	186.0
200 ～ 250	221.8	351.2	58.3	22.3	33.0	184.7
250 ～ 300	271.4	357.7	31.8	24.9	38.6	149.7
300 ～ 350	321.0	395.9	23.3	27.8	38.7	141.4
350 ～ 400	372.1	424.1	14.0	30.0	48.6	130.6
400 ～ 450	420.4	457.5	8.8	35.9	54.8	127.8
450 ～ 500	472.6	483.8	2.4	41.1	58.0	110.3
500 ～ 550	519.6	572.2	10.1	46.3	63.4	162.3
550 ～ 600	572.3	569.3	-0.5	47.9	70.7	115.6
600 ～ 650	622.0	608.9	-2.1	58.0	76.9	121.8
650 ～ 700	673.7	677.7	0.6	63.1	86.1	153.2
700 ～ 750	722.5	691.8	-4.2	65.5	94.6	129.4
750 ～ 800	774.3	702.8	-9.2	78.2	100.1	106.9
800 ～ 850	823.1	769.8	-6.5	83.6	105.2	135.5
850 ～ 900	872.3	812.0	-6.9	85.7	107.9	133.4
900 ～ 950	920.3	839.0	-8.8	98.6	116.1	133.5
950 ～ 1,000	972.4	884.1	-9.1	95.0	114.2	120.9
1,000 万円以上	1,488.4	1,193.4	-19.8	242.0	148.5	95.5

厚生労働省 web サイト

https://www.mhlw.go.jp/file/04-Houdouhappyou-12605000-Seisakutoukatsukan-Seisakuhyoukakanshitsu/h26hou.pdf

（2019年11月5日アクセス）

　厚生労働省の平成26年所得再分配調査では、当初の所得でのジニ係数は拡大しているが、図のような当初所得におけるジニ係数の増加に対し、税金、社会保険料や社会保障給付などの所得再分配政策の結果、ジニ係数の改善度は大きくなっており、再分配所得のジニ係数は0.38前後で推移しているとされる。つまり、税や社会保障という国家の再分配機能がなければ、高齢世帯を中心に貧富の差は拡大しており、社会保障の役割の重要さがみてとれる。再分配係数をみると、当初所得550万円まではプラス、当初所得550万円以上はおおむねマイナスとなっている。すべての人の社会生活の支援を社会

福祉が目指すとなれば、そのコストは国民全体が負担していかなければならない。社会福祉が社会保障の中に位置づけられ、社会保障が所得の再分配機能を大きな役割としていることから、社会福祉の哲学の一つには、豊かな層から貧しい層への再分配がある。個人がそれぞれ競争してその自由の成果を得ることだけにとどまるのではなく、その成果を国家を通して再分配し、富を平等に分かち合うという理念に社会福祉は基づいている。となれば、国家は夜警国家に代表される小さな政府ではなく、国民生活に介入する福祉国家たる大きな政府ということになる。近年、福祉国家や大きな政府は高い税金への批判から評判が非常に悪い。社会福祉実践は、目の前の人の抱える生活問題を通して、社会全体の問題、国家のなすべきことは何かを見ることとなる。社会福祉専門職が個人の生活に介入し、個人と社会とをつなげるということは、人々の日々の営みに社会が関心を持ち、その生活を構成員が負担を分かち合いながら支えていくことを意味している。階級や階層の格差の拡大は、社会の分裂につながる。社会統合が社会福祉の役割である以上、格差を縮小させるための社会政策とセットになった、人々を社会に統合する個別の社会福祉実践が必要となってくるのである。

5）社会統合と社会変革

　これまで、ジェンダー、民族、階級・階層という視点から、社会福祉の統合の役割についてみてきた。しかし、社会福祉は社会統合とともに、社会変革の役割も担っている。社会統合だけであれば、既存の社会をそのままのものとし、そこに人々をどう適応させていくかという視点になりがちである。現在の社会のあり方、国家のあり方、社会政策や社会制度などを与えられたものとして、個人にどう適用させていくかということになる。しかし、社会は矛盾に満ちている。国家の行う施策は、苦しい状況にある人びとを救うように出来ているとは必ずしもいえない。富める人は、より富み、貧しい人は、より貧しくなるということにもなりがちである。それは、社会や国家を動かすのが多数派であり、より苦しい状況に置かれている人々は少数派であるこ

とによる。少数派の意見はなかなか通らない。歴史的にみて、社会福祉実践は少数派の意見にこだわり、そこを原動力によりよい社会を目指してきた。社会福祉理論においても、何らかの「望ましい社会像」が前提になっている。

　日本の戦後の社会福祉理論は、孝橋正一を核とする政策論と、岡村重夫を核とする固有論が中心であったといえる。孝橋は社会事業という言葉を使い、社会事業を、「資本主義制度の構造的必然の所産である社会的問題にむけられた合目的・補充的な公・私の社会的方策施設の総称であって、その本質の現象的表現は、労働者＝国民大衆における社会的必要の欠乏（社会的障害）状態に対応する精神的・物質的な救済、保護および福祉の増進を、一定の社会的手段を通じて、組織的に行なうところに存する」と定義している（孝橋1962：24-25）。社会政策が対応する社会問題（労働問題）と、社会事業が対応する社会的問題は、資本主義制度によって必然的にもたらされる問題であるとし、そうした問題が資本主義の存立に影響を及ぼさないよう、資本主義体制維持の枠内で社会政策や社会事業が行われるという主張になる。そして、孝橋はポスト資本主義社会に目指すべき社会を見て、それは社会福祉実践の延長線にあるものではなく、労働運動、階級闘争の結果としての社会変革の果てに獲得されうるものであるとしている。

　一方、岡村重夫は、社会生活を構成する要素を、社会生活の基本的要求の主体者たる個人、各々の基本的要求に対応する社会制度、この両者を結びつける社会関係の三者とし、社会関係は、個人から社会制度への生活上の要求、役割の実行という主体的側面と、役割期待、要求の充足という客体的側面から構成されるものとする。そして、社会関係における問題に対する対応としての政策的対応は、個別具体的な生活者に即したものではなく、課題を集合的にとらえたものとされ（社会関係の客体的側面）、個別具体的な生活者の立場に即した「個別化的援助技術の体系」としての社会福祉（社会関係の主体的側面）という固有性の論理をうち立てている。そして、個別化的援助技術が専門的機能を発揮する前提として、社会生活を支援する様々な社会制度が整備された福祉国家を置いている。つまり岡村の目指すべき社会は、近代社会の理想としての社会制度・政策が整った福祉国家なのである。

　孝橋は、社会福祉はあくまで資本主義体制維持のためのものであり、社会を変革するのは労働・社会運動であるとしている。岡村は、「制度的機能そのものの変更を本来の目的とする政策部門の努力が効力を発揮しえないような社会的状況においては、政策に協力する社会福祉の期待も遂には実現することはできない」（岡村 1968：154）とし、政策の結果に対しては代替的に社会福祉がその役割を果たすとともに、社会制度・政策側に働きかけることによって、それらの改善を図るという機能も内包させている。いずれにしても、どちらの理論も目指すべき社会の像を置きつつ、現実をそのまま受け入れるのではなく、常に社会変革の要素を意識しているのである。このように、社会福祉が現実社会の中で営まれ、多くの人々の生活が、社会や国家のあり方に規定されていることから、どのような社会を目指し、どのように社会を変えていけばよいのかを考えることと、社会福祉の実践は切り離せないのである。今、社会福祉実践は目の前の人を救うことに専心するあまり、生活問題を引き起こしている社会や国家のあり方を問う方向が弱くなっているように思える。社会福祉に「社会」がついている意味は、生活問題は社会によって引き起こされるという認識からである。社会福祉に関わる者は、今一度どのような社会を目指すのか、そのためには何をすればよいのかを問い直す必要がある。

おわりに　市民としての役割

　この本は、社会福祉の入門書であって、これから社会福祉を学ぶ人や、社会福祉と接点のある他分野の専門職などに対して、社会福祉の視点や考え方を知ってもらうためのものであった。しかし、社会福祉に関わるのは何も専門職だけではない。社会福祉が支援の対象とする人々は、まさにあらゆるところに存在する。まさに「あなたの隣にいる」のである。となれば、専門職としてどう関わるのかという以前に、一人の市民としてどう関わるのか、そして一人の市民として社会福祉の問題をどう受け止め、どう理解し、どう行動すればよいのかが問われることとなる。最後に、医療的ケアと呼ばれる措置を常時必要とする重度の障害児・者を日常的にケアしている家族の例をひきながら、社会福祉に接する市民の役割を考えることとしたい。

　医療的ケアとは、「経管栄養・吸引などの日常生活に必要な医療的な生活援助行為を、治療行為としての医療行為とは区別して『医療的ケア』と呼ぶことが、関係者の間では定着しつつある」（北住 2006：8）とされ、具体的には、「経管栄養、吸引、酸素療法、導尿、気管切開管理・レスピレーターその他の呼吸管理、医療的栄養管理などを意味し、リハビリテーション訓練的なものを除く」（鈴木ほか 1997：54）というものであり、近年の医療福祉現場で大きな問題となっている。というのも、医療行為との区別に微妙な部分もあり、専門職としては医師や看護師にしか認められず、専門職以外に行えるものとしての親などの家族の負担が大きいことが問題となってきた。とりわけ、学校現場での医療的ケアは保護者の付き添い登校などの問題につながり、一定の条件のもとに教員が行うことが認められるなどの拡大がなされてきた。平成23年の「介護サービスの基盤強化のための介護保険法等の一部を改正する法律」により、社会福祉士及び介護福祉士法が改正され、介護福祉士の業務の中に、「喀痰吸引その他のその者が日常生活を営むのに必要な行為であつて、医師の指示の下に行われるもの（厚生労働省令で定めるもの

に限る。以下「喀痰吸引等」という。）を含む。」が加えられるとともに、介護福祉士以外の介護の業務に従事する者も、認定特定行為業務従事者認定証の交付を受ければ「喀痰吸引等」を行うことを業とすることができるようになった。看護師の配置がなかなか難しい施設や学校、それに在宅の状況を踏まえた中で、やっと医療的ケアの担い手の拡大の方向が示されたといえる。

　2008年８月、筆者は大阪府Ｅ市在住の医療的ケアの必要な重度重複障害児・者の主たる介護者となっている母親４名へのインタビュー調査を行った。４名の方それぞれ個別にインタビューの日時を設定し、１人あたり60-90分の半構造化面接を行い、内容をテキスト化してデータベースを構築した。
　その中で語られた言葉のいくつかを下にピックアップする。

▽後は寝てしまうと、気道のほうに唾液がたれ込んだりとかそういう心配もあるので、朝注入した後、色々と体位変換して、背中の後ろの方にたれこんでいる唾液を出させて、落ち着かせてから、バスに乗せないといけないこともあって、そのへんの作業が結構大変です。
▽やっぱりちょっと閉じこめられてる感がしんどいなって思うことが。
▽対外的なことが全部狭まっていくような今の状況の中で、変な話が、昔自己実現って言葉を聞いたことがあったけれど、私はどうなんだろうって。
▽今は、私が全部世話して、ほとんどですね、夫も手伝ってくれますが、私が中心になって世話をしないといけないということで、なんていうんですか、囲い込んでしまっているようなところがあるんですよ。
▽でもやっぱりみなさん、忙しい日常の中で。私も細切れの時間の中で、家族のこととその子のことをするのが精一杯で。
▽それで、もう親も年とってくるし、ちょっと介護とかそのへんの部分が、入浴とかがしんどくなってくる感じですね。
▽しかもヘルパーさんがきて、ヘルパーさんに自分の不満とか日常とか看護師さんとかにいうぐらいで、そういえば今日は家族とヘルパーさんとしか話ししなかったなとか。そういうなんか、まあ世話におわれて20年、この先、

私はどうなのって。

　医療的ケアの必要な重度の障害のある子どもを毎日ケアしている母親の苦しく孤独な状況がかいま見られるのではないだろうか。そして、重度で医療的ケアとなると、使える支援サービスが限られてくることが語られている。

▽そうですね。あの、だから、もっとね、こうなんていうかな、必要な時にぱって頼めるような支援があったらいいかなって思うんですね。
▽遠いとね。兄弟が。親がいなくなった場合ですけど。兄弟が。たまには面会とかにいって欲しいですし。生活圏のなかにあったほうが本当はいいんですけど。
▽そのためには、そのためにはどうすればいいかって話になるんですけど、ショートステイも今はすごい使いにくいし。結局、遠くまでいかないといけないじゃないですか。
▽医療的ケアの子に対してはあまりない。条件が厳しくなってくる感じですね。だからかえって、もういいわって、こっちがひいてしまう、こっち側でしようかっていうみたいで、こっち側に負担がかかってきてしまう感じで。
▽はい。なかなかそう、本当に重度のそういう人たちのこと、おいていかれてるなって気が本当にしますね。
▽背景にはやっぱり医療的ケアの子を敬遠しがちな体制っていうか、及び腰っていうんか、とこがまだまだあるのかなって思いますけどね
▽だから学校卒業するときに、本当は医療的ケア、吸引とかしないといけないんだけど、それをいうと施設が受け入れてくれないので、しないとか。うちではするけど、いわない、とか、そういうことって、もしかして結構、潜在的にはあるんじゃないかって思うんですけど。

　頼りにすべき行政が十分に対応してくれていないことも語られている。それとともに、支援にあたる専門職に対しての要望も語られている。

▽あの例えば市の障害福祉課がなんか教えてくれるとか、こっちから行って聞いても、なんかもどかしい答えしか返ってこない。

▽本当に○○市どう思てはるのかなっと思てね。こういう子らをちゃんとみてはるのかなって思いますね。何にしても。切り捨てじゃないけど。カットしていきはるし。そういう施設、新しい施設にしても、そういうの、指導してますっていってはっても、介入していきはらへんし。こういう重度の子たちをどうしたいのかなって思いますよね。

▽で、なんていうか、事務的じゃなくて、気持ちのある人にできたら接してもらいたいっていうか、せきしましたはい吸引って感じじゃなくて、せきしてもちょっと背中とんとんして、大丈夫っていってもらって、様子みてもらったうえで吸引してもらうような人がいたらいいんですけど、ちょっとむせてるからはい即吸引っていうんじゃなくて。

▽やっぱり医療的ケアは、そうそう子どもにもよるけど、簡単なことから、うちの子みたいに深くいれないといけないとか、色々あるんですけど、基本的には医療的なことがしっかりしてないと、ヘルパーさんとか指導員がやるとしても、母体となる医療的な部分、お医者さんの指導とか、看護師さんの目配りとか、そういうのがきちんとあったほうがいいなと思うんですけど。

▽週に1回しかこないような子どもの医療的なケアをするっていうのも、ケアをするほうの人もすごいプレッシャーになると思うから、毎日様子をみて、今日は調子いいとか悪いとかわかってくれるところで過ごさせたいっていう希望ではあります。

　日々の介護の先にあるものは何か。ノーマライゼーションや自立の理念をこれまで述べてきたけれども、なかなかそのような状況に行き着かない現実の重さが語られている。

▽本当に、家でみるしかないんかなって。本当にそれしかないですよね。

▽親は年取るし、子どもは元気やし、でも介護できないし、とかなってきたら、本当に共倒れになってしまいそうな不安がいっぱいですね。

▽とにかく行き先どうなるのかなっていうのが一番不安ですね。本当に施設もないし。家でするにも限度があるし。

さて、こうした生の言葉に接して何を感じたであろうか。こうした事例は何か遠くにあるものではない。同じ市の同じ町の中で営まれている日常そのものなのである。そうした社会福祉に関わる生活の営みがあることを、一人の市民としてどのように受け止めればよいのだろうか。

最後に専門職ではなく市民として、5つの実践を提起したい。
① 知ること
② 理解すること
③ 関わること
④ 支えること
⑤ つくること

知らなければ何も始まらない。ここでは医療的ケアの問題を取り上げたが、この世界の中、様々な生活問題が存在し、その中で多くの人々が日々格闘している。しかしそうした姿はなかなか世の中の目に触れることは少ない。福祉の営みは見えないものを見ることから始まる。まずは現実を知ること。そのためには知ろうとすること。様々な場面を見、自らが経験してきた以外の事柄を知って、世の中を体感することが必要である。特にこれから社会福祉を学ぶ方々にとって、自分の経験の延長上だけでなく、幅広く世の中の現実を知って、自分の見える範囲を広げることが何よりも重要である。

次に知ったことを深め、その人々の暮らしを見つめて理解すること。理解とは、単に知ることではなく、その中に自分の感情を移入し、自分のこととして受け止めることである。単なる人ごとであるならば、その先の行動は何も生まれない。自分のこととして受け止めれば、その現実は自分の考え方を変え、自分の価値観を変えることへとつながる。

そして、関わること。ここからは実際の人との関わりとなる。人と関わり、

話を聞くことで、自分は相手にとっても存在する他者となる。自分がその人にとって、どのような存在でありうるのか、自分は何が出来るのか、何が可能なのかを考えることへとつながる。色々な所に出向き、色々な人々とのつながりを持つことで、自分の幅を広げ、人間関係を豊かにし、様々な人々の生活と社会のありようを体感することが大切である。

　関わることで自らの課題が明らかになる。相手の課題ではなく自らの課題である。支えることは、指導することでも教育することでもない。主体はあくまで相手方にある。自分自身をいかに相手のために活用するのか、自分を客体視して、自己満足になることなく、支援の全体像を念頭におきながら、自らを一つの資源として使っていくのである。

　最後はつくること。社会資源は圧倒的に足らない。必要な制度も政策は十分に生みだしていない。インフォーマルな社会資源をつくっていくとともに、社会や政治への働きかけを通して、必要な制度をつくっていく運動の側面が重要になっている。動かなければやはり何も変わらない。問題は社会の中で起きている社会問題である。知ることから動くことまで、結局は社会を知り、社会を変えることである。一人一人の人間が、社会生活上の問題を自分のこととして受け止め、そうした問題を生み出す社会を直視し、社会を変えていくべく動き出すことが、市民としての役割である。専門職であるならば、一人の人間の中に、専門職の部分と市民の部分とが共存している。専門性を高めるとともに、市民としての「ふつうの感覚」を大切にすること、専門職としての役割とともに、市民としての役割を果たしていくことが、今、社会の中で求められている。というのも、社会福祉が取り組む生活問題は、社会の課題であり、社会の課題への取り組みを通して、よりよき社会を目指していくものなのだから。

参考文献

・稲沢公一・岩崎晋也（2008）『社会福祉をつかむ』有斐閣。

・大久保秀子（2007）『新・社会福祉とは何か』一橋出版。

・岡本栄一・澤田清方編（2003）『社会福祉への招待』ミネルヴァ書房。

・岡本民夫・田端光美・濱野一郎・古川孝順・宮田和明編（2007）『エンサイクロペディア社会福祉学』中央法規出版。

・岡村重夫（1968）『全訂社会福祉学（総論）』柴田書店。

・北住映二（2006）「医療的ケアとは」『医療的ケア研修テキスト』クリエイツかもがわ。

・厚生労働統計協会（2018）『国民の福祉の動向　2018/2019』。

・孝橋正一（1962）『全訂社会事業の基本問題』ミネルヴァ書房。

・鈴木康之・山田和孝・舟橋満寿子・山田美智子（1997）「障害児・者の医療的ケアのあり方について」『発達障害研究』19（1）。

・堤健造（2008）「外国人と社会保障」国立国会図書館調査及び立法考査局『人口減少社会と外国人問題　総合調査報告書』。

・鶴野隆浩（2009）「『高槻市在住の医療的ケアの必要な重度重複障害児・者をケアする家族』の持つ課題と必要な支援に関する調査報告書」。

・鶴野隆浩（2014）『社会福祉理論としての家族福祉論：社会福祉理論の課題と新しい家族福祉論』みらい。

・鶴野隆浩・大野まどか（2009）『ケアマネージャーのための家族福祉論』相川書房。

・原純輔・盛山和夫（1999）『社会階層：豊かさの中の不平等』東京大学出版会。

・古川孝順（2008）『福祉ってなんだ』岩波書店。

・山縣文治・岡田忠克編（2010）『よくわかる社会福祉（第8版）』ミネルヴァ書房。

・山崎道子監修（1988）『ソーシャルワーク・ハンドブック』中央法規出版。

参考資料

- 厚生労働省「社会福祉士の資格取得方法（平成30年4月1日現在）」

  https://www.mhlw.go.jp/stf/seisakunitsuite/bunya/hukushi_kaigo/
  seikatsuhogo/shakai-kaigo-fukushi1/shakai-kaigo-fukushi2.html
- 厚生労働省「社会福祉基礎構造改革について（中間まとめ）の要点」

  http：//www1.mhlw.go.jp/houdou/1006/h0617-1.html
- 厚生労働省「平成29年版　厚生労働白書　資料編」

  https://www.mhlw.go.jp/wp/hakusyo/kousei/17-2/
- 日本ソーシャルワーカー協会　倫理綱領

  http：//www.jasw.jp/rinri/rinri.html
- 内閣府「『子ども・子育てビジョン』について』

  http：//www8.cao.go.jp/shoushi/shoushika/family/vision/pdf/gaiyo.pdf
- 内閣府「子ども・子育て支援新制度 なるほどBOOK（平成28年4月改訂版）」

  https://www8.cao.go.jp/shoushi/shinseido/event/publicity/pdf/naruhodo_
  book_2804/w_4.pdf
- 厚生労働省「障害者自立支援法の概要」

  https://www.mhlw.go.jp/topics/2005/02/tp0214-1a.html
- 全国社会福祉協議会webサイト「障害者総合支援法のサービス利用説明パンフ
  レット（2018年4月版）」

  https://www.shakyo.or.jp/news/pamphlet_201804.pdf
- 厚生労働省webサイト「公的年金制度の仕組み」

  https://www.mhlw.go.jp/wp/hakusyo/kousei/17/backdata/01-03-01-01.html
- 厚生労働省webサイト「介護保険制度の仕組み」

  https://www.mhlw.go.jp/wp/hakusyo/kousei/17/backdata/01-03-01-14.html
- 文部科学省「SSWガイドライン（素案）」

  http://www.mext.go.jp/b_menu/shingi/chousa/shotou/120/shiryo/__icsFiles/af
  ieldfile/2016/04/04/1368860_04.pdf

・厚生労働省「地域共生社会の実現に向けた地域福祉の推進について」
　https://www.mhlw.go.jp/content/000493668.pdf
・厚生労働省webサイト「貧困率の年次推移」
　https://www.mhlw.go.jp/toukei/saikin/hw/k-tyosa/k-tyosa16/dl/16.pdf
・法務省webサイト「国籍・地域別在留外国人数の推移」
　http://www.moj.go.jp/content/001289225.pdf
・総務省webサイト「年間収入のジニ係数の推移（二人以上の世帯）」「世帯主の
　年齢階級別年間収入のジニ係数及び世帯分布（二人以上の世帯）」
　http://www.stat.go.jp/data/zensho/2014/pdf/gaiyo5.pdf
・厚生労働省webサイト「所得再分配によるジニ係数の変化」「当初所得階級別所
　得再分配状況」
　https://www.mhlw.go.jp/file/04-Houdouhappyou-12605000-Seisakutoukatsukan-
　Seisakuhyoukakanshitsu/h26hou.pdf

（以上、アクセスは2019年11月5日）

著者紹介

鶴野　隆浩
1961年　大阪府生まれ
1986年　大阪大学人間科学部（社会学）卒業
2001年　同志社大学大学院文学研究科博士後期課程修了
　　　　博士（社会福祉学）
現　在　大阪人間科学大学人間科学部社会福祉学科
　　　　教授

主な著書
　　『よくわかる社会福祉』（共著）ミネルヴァ書房、2002年
　　『家族支援論：一人ひとりと家族のために』（共著）相川書房、2005年
　　『家族福祉原論』（単著）ふくろう出版、2006年
　　『家族福祉入門：障害児・者家族の支援を例として』（単著）久美、2008年
　　『ケアマネージャーのための家族福祉論』（共著）相川書房、2009年
　　『社会福祉理論としての家族福祉論：社会福祉理論の課題と新しい家族福祉論』
　　（単著）みらい、2014年

3訂版
社会福祉の視点
はじめて学ぶ社会福祉

2012年3月1日	初版発行	
2015年2月15日	改訂版発行	
2020年3月15日	3訂版発行	

著　　者	鶴野　隆浩

発　　行	ふくろう出版

〒700-0035　岡山市北区高柳西町1-23
友野印刷ビル
TEL：086-255-2181
FAX：086-255-6324
http://www.296.jp
e-mail：info@296.jp
振替　01310-8-95147

印刷・製本　友野印刷株式会社
ISBN978-4-86186-783-5 C3036
ⒸTsuruno Takahiro 2020

定価はカバーに表示してあります。乱丁・落丁はお取り替えいたします。